·深度领导力·

领导者的哲学课

成为更好的领导者

WHAT PHILOSOPHY CAN TEACH
YOU ABOUT BEING A BETTER LEADER

［英］艾莉森·雷诺兹　多米尼克·霍德　朱尔斯·戈达德　大卫·刘易斯　著
Alison Reynolds　　Dominic Houlder　　Jules Goddard　　David Lewis

李丹成 薛香玲 译

机械工业出版社
CHINA MACHINE PRESS

图书在版编目（CIP）数据

领导者的哲学课：成为更好的领导者 /（英）艾莉森・雷诺兹（Alison Reynolds）等著；李丹成，薛香玲译 . —北京：机械工业出版社，2023.4

（深度领导力）

书名原文：What Philosophy Can Teach You About Being A Better Leader

ISBN 978-7-111-73361-4

Ⅰ. ①领⋯　Ⅱ. ①艾⋯ ②李⋯ ③薛⋯　Ⅲ. ①领导学　Ⅳ. ① C933

中国国家版本馆 CIP 数据核字（2023）第 111484 号

机械工业出版社（北京市百万庄大街 22 号　邮政编码 100037）

策划编辑：华　蕾	责任编辑：华　蕾　林晨星	
责任校对：李小宝　李　杉	责任印制：郜　敏	

三河市宏达印刷有限公司印刷

2023 年 8 月第 1 版第 1 次印刷

147mm×210mm・9.5 印张・1 插页・173 千字

标准书号：ISBN 978-7-111-73361-4

定价：69.00 元

电话服务	网络服务
客服电话：010-88361066	机　工　官　网：www.cmpbook.com
010-88379833	机　工　官　博：weibo.com/cmp1952
010-68326294	金　书　网：www.golden-book.com
封底无防伪标均为盗版	机工教育服务网：www.cmpedu.com

怀着感激和敬佩之情，
致罗杰·斯克鲁顿爵士，我们四个人的导师。

- 总序 -

在湖光山色里，探索领导力的源泉

位于英格兰西北海岸的湖区，有着也许是世界上最美丽的风景。大大小小手指形状的 16 个冰山湖，分布在 885 平方英里[⊖]的国家公园里，茂盛的植被、精致的建筑，加上淳朴和好客的北英格兰民风与深厚的历史文化底蕴，是一个让人流连忘返、不忍离开的地方。

明茨伯格选择把国际实践管理硕士（IMPM）第一站放在这里，应该也是出于这个原因。最近的国际机场是曼彻斯特机场，离湖区有两三个小时的车程。IMPM 的英国合作伙伴兰卡斯特大学属于 20 世纪 60 年代组建的那一批"平板玻璃大学"，没有炫目的悠久历史，也没有典型的欧美百年老校那种介于教堂和修道院之间古典的建筑形制，但考虑到离湖区这么近的好处，这些基本都不是问题了。

我第一次到湖区是在 2002 年，参加第六届 IMPM 的

⊖ 1 平方英里≈2 589 988.11 平方米。

开学模块。2019 年，我再一次过来时，IMPM 已经是第二十三届了。IMPM 项目主任 Martin Brigham 博士和曾参与创建 IMPM 的保加利亚裔教授 Bogdan Costea 博士热情地接待了我。Bogdan 是一个很有故事的人。在兰卡斯特大学做教授这么多年，他一直单身且住在湖区，最大的牵挂是他在这里养的两匹马。我们在交流时，他感慨万千，中间不动声色地插播：从口音判断，刚才招呼我们的漂亮女服务员应该是从斯洛伐克过来的。欧洲人对于不同国家的人讲英文的口音的敏感，我们这些老外真是叹为观止。

Martin 的专业是研究贵格会的商业史，尤其是贵格会在工业革命期间的特殊贡献，包括会议组织方式、达成共识的方式、独特的社区精神等。Martin 开车专门带我到贵格会在 17 世纪创立的第一个会议厅——位于湖区南侧阿尔弗斯顿小镇上的 Swarthmoor Hall。那是非常朴素的一个会议厅，最多容纳三四十人，没有牧师，没有《圣经》，甚至连十字架都没有。每周礼拜日，大家围成一个圆圈，分享自己这周的思考和体验，说与不说，说短说长，完全自愿。

看似平和、温和、随和，背后其实是贵格会坚定的信仰。他们相信每个人都有"内在之光"（inner light），所以对每个个体都给予最大程度的平等的尊重。作为中国人，我一边震撼于这种哲学与我们的"此心光明"何其相似乃尔，一边开始思考：看似类似的信念，为什么在两种文化中却带来完全不同的社会结果？

与"内在之光"的信念相关，贵格会成员在碰到人生和生活难题时，可以专门召开澄心委员会（Clearness Committee）会议，通过这种方式"时时勤拂拭"，让"内在之光"发扬光大。澄心委员会一般由六七个成员组成。会议的第一阶段是静默，大家清空头脑，把关注百分之百地放在当事人身上；第二阶段是阐述，由当事人阐述问题；第三阶段，也是最重要的阶段，是提问，大家围绕当事人的问题，提出简短、真诚、开放的问题；第四阶段是镜映，大家给当事人反馈自己看到了什么，听到了什么；最后大家一起欢庆，祝贺当事人完成了这个精进的过程。

蓦然回首，那人却在灯火阑珊处。我们做了十年的私人董事会，没想到原来它竟是这么来的！下次介绍私人董事会，不能再说私人董事会来自 20 世纪 50 年代的芝加哥了，而应该说它来自 17 世纪 60 年代的英国湖区。我向 Martin 要了所有能够要到的各种相关资料，开始仔细研究。

一般人更关心的是贵格会与工业革命的关系，这也是马克斯·韦伯《新教伦理与资本主义精神》中最好的阐述。从 17 世纪中期起，贵格会成员作为不奉国教者（nonconformist），遭到了当时英国主流社会的排挤，他们不能从政，不能入学。因为经常被官员惊扰，他们甚至连农民都做不了，只好从商，做手工业，做小买卖。他们严格要求自己诚实、守信、精确、透明、谨守责任。随着一部分贵格会成员移民到新大陆，再加上贵格会横跨大西洋两岸强大的社会网络，他们逐渐成了工商业的主流阶层。大家非常熟悉的一些企业和品牌，如巴克莱银行、劳合社、吉百利巧克力、其乐鞋、贵格麦片等，都是贵格会成员创立的。

很少有人了解的是贵格会对现代商业、对市场经济的重大贡献。前现代社会，买卖一般都是一人一价，分量也有多有少，但贵格会成员对自己严格要求，童叟无欺，推动了"市场价"和标准计量单位的使用；他们是技术革新的先锋，精研纺织业、钢铁业、陶瓷业等行业的技术，在北英格兰这个远离伦敦的偏远地区，掀起了工业革命的大潮，彻底改变了人类历史的进程；他们也是金融创新的主力，为了保障去世成员遗属的生活，他们发明了人寿保险这种主流的金融工具；他们用在金融业的特殊地位所带来的强大筹款能力，支持了从斯托克顿到达林顿（英格兰东北部，靠近纽卡斯尔）的世界上第一条蒸汽机车铁路的诞生。

从组织学角度来看，更重要的也许是贵格会对现代工商业组织方式的一些重大贡献。除了前述的澄心委员会开创了领导力教练行业和私人董事会，贵格会的周会、月会、季度会、年会制度直接成为现代企业管理例会制度的标准实践，很多贵格会工厂还有晨祷制度，这成了制造业企业晨会的样板；贵格会成员把账目的透明和精确看得比自己的生命还重要，由此逐渐发展出年度审计制度；贵格会成员努力把员工当家庭成员看待，关心他们的生活，缩短工作时间，建立退休制度，为他们提供医疗保险和牙科保险；为了解决员工的住房问题，贵格会建设了以 Bournville Village 为代表的模范村，为员工提供有大花园的住宅，还有配套的绿地、板球场、学校、教堂和成人继续教育设施。明茨伯格不满于无处不在却往往略显空洞的领导力（leadership）概念，针锋相对地提出社区力（communityship）的概念，应该与西方这种把员工当家庭成员看待的传统相关。

贵格会在 19 世纪中期后逐渐衰退的一个重要原因是，贵格会认为 1865 年推出的有限责任法案有违贵格会所信奉的企业应该对自己的客户负有无限责任的原则。在排斥、犹豫、观望之间，贵格会遗憾地错失了有限公司、上市公司成为现代工商业主流的时代潮流。

湖区最著名的历史遗址，除了著名"湖畔诗人"华兹华斯的故居"鸽舍"之外，还有约翰·罗斯金（John Ruskin）在科尼斯顿湖边的故居 Brantwood。罗斯金可能是英国历史上最重要的艺术评论家，他奠定了维多利亚时代英式审美、英国品位的基础，开启了"工艺美术运动"，后来的"新艺术运动"也是以其思想为指导的。罗斯金出身于伦敦贵族家庭，长得一表人才，在反思机器化大生产带来的各种问题后，最终选择在这个有"湖光山色"的地方度过自己的晚年。

有意思的是，罗斯金同时是一位杰出的政论家和社会活动家。1871 年（巴黎公社短暂存在的那一年），他 52 岁的时候，这位比马克思小一岁的"耿直男子"出资 10 000 英镑成立圣乔治会，并把他的全部收入捐献给这个为实现改良社会的理想而成立的慈善组织。虽然天不遂人愿，无所建树，但这种与贵格会一脉相承的担当精神，才是领导力的真正源泉。

在湖边盘桓的数日，我脑海里不断地出现这些严谨、自律、衣衫朴素的贵格会成员的形象。原来工业革命的奇迹背后，其实是一群群这种心中有光的人啊。我们探索领导力，探索到最深处，最后发现的往往是这样一种精神——"与天壤而同久，共三光而永光"。古今中外，莫之能外。

与诸君共勉。

肖知兴

领教工坊学术委员会主席，致极学院创办人

2021 年 11 月 18 日于京西

- 赞誉 -

本书重现了现代经济思想中很多被遗忘的常识和久经验证的智慧。

——罗里·萨瑟兰（Rory Sutherland）

英国奥美（Ogilvy UK）副董事长

作为企业领导者，我们有一种与生俱来的责任感，那就是我们必须让我们的团队跟随我们，并同他们一起取得非凡的成果。不幸的是，我们的企业培训和教育都倾向于关注有形的东西——结果、关键绩效指标（KPI）、预算和测量，随着时间的推移，我们逐渐变得本末倒置，不知何故，我们的员工成为达到目的的手段，而不是他们本身，我们一次又一次地被困在不人性化的工作环境之中。本书为受挫的领导者提供了一条真正的变革之路。对于那些有勇气迈出第一步，让自己的工作环境再次变得人性化的人而言，这本书是必读书——革新的工作环境，将成为让他们和他们的团队能够得到蓬勃发展的一片沃土，从而使他们能够为客户、组织和他们自己做出更为巨大的贡献。

——关明生（Savio Kwan）
阿里巴巴前总裁兼首席运营官

我怎样才能在一个组织中蓬勃发展，同时帮助同事和组织本身蓬勃发展？这个现代世界的巨大挑战需要人性化的回应。这本鼓舞人心的书回溯了古代和当代的哲学家的观点，用他们的见解为实现明智和充满人性化的领导力提供指导，便于付诸实践。

——约翰·Y. 坎贝尔（John Y. Campbell）
哈佛大学经济学教授

这本书挑战了我们以往思考领导力的方式，挑战了那些已经根深蒂固以至于我们都意识不到的习惯和惯例。我们习惯于改变企业的流程、结构和系统，但结果却喜忧参半。现在是时候对着镜子照一照，问自己一个深刻的问题了：作为一个领导者——一个希望自己蓬勃发展并希望他人蓬勃发展的领导者，究竟意味着什么？这实际上是关乎哲学的问题。

——南都·南德基斯肖尔（Nandu Nandkishore）
印度商学院教授
瑞士雀巢前全球执行董事会成员

好的管理者总能因其求知欲和自我质疑与反省的能力而

得到认可。对于提升这些能力而言，哲学无疑是现有的最佳探索领域之一。

——弗兰克·穆金（Franck Mougin）
万喜（Vinci）人力资源总监

这本书是为那些想要革新自己领导力实践的领导者准备的。它让我们身临其境，通过将一系列哲学家引入我们的生活，向我们提出一些关于我们自己和我们的目的的问题——这些问题是无法回避的。提升领导力是一场终身的旅程，还有谁比爱辩论的马克思和顽皮的以赛亚·伯林更适合作为旅行伙伴呢？苏格拉底、波普尔、佛陀以及其他许多人的观点，都得到了精彩的重新诠释——契合我们这个不确定性高且动荡的现代世界。这本书是领导智慧和哲学教诲的双重礼物——它可读性强，有趣，而且非常非常有智慧！

——沙克斯·戈什（Shaks Ghosh）
英国二等勋位爵士
克罗尔社会领导力基金会
（Clore Social Leadership Foundation）首席执行官

这本书独特且有力地融合了哲学家的洞见和作者在变革管理方法方面的丰富实践经验。阅读这本书能够让每一位领导者重新审视赋权的含义、组织的真正运作方式，以及为什么人类价值观中的公平和信任对现代经济的可持续成功至关重要。

——马丁·唐纳利爵士（Sir Martin Donnelly）
波音欧洲公司总裁
英国国际贸易部前常务次官

组织往往沉迷于"做"和"知道"，却没有为"存在"创造时间和空间。这本书促使我们展开新的对话，这将带来更多的意义，并为所有人的福祉服务。

——阿尼尔·萨赫德夫（Anil Sachdev）
印度古尔冈激励领导力学院创始人兼首席执行官

要成功地领导一个现代的、可持续的、有目的的、对其所服务社区负责的组织，不仅需要技术和能力，还需要真实性。真实性是建立在深刻的领导哲学的基础上的，它激励领导者在与他人的每一次互动中承担个人责任，做正确的事情。在今天的工作场所中，人们都希望能够在个体层面上得到赋权、尊重和满足；人们想要看到，他们所在组织的价值观与他们自身的价值观相匹配，还想要看到组织的价值观在组织领导者身上得到体现和证明。本书可以为那些被赋予领导特权的人提供新的思考方式和实用的学习方法，让他们认识到激励他人拥有意义和目标的必要性，从而成功地履行他们的职责。

——伊恩·鲍威尔爵士（Sir Ian Powell）

Capita 公司主席

在一个由人工智能、算法、机器人和大数据主导的世界中，拥有伟大的领导力意味着要成为"善人"，哲学则可以为此提供强有力的洞见。

——克里斯·斯泰尔斯（Chris Styles）

澳大利亚悉尼新南威尔士大学商学院院长、教授

本书是引人入胜的、有说服力的和不同凡响的，它探讨了在工作中度过美好时光的意义。作者引导读者穿越迷人的哲学景观，对传统的领导思维提出了明确的挑战，并提供了全新的、人性化的思考模式，以帮助我们理解个人在工作场所中的角色。

——菲奥纳·埃利斯（Fiona Ellis）

罗汉普顿大学哲学教授、博士

这是一本极不寻常的书，它的面世正当其时。四位杰出的商学院专业人士为领导力的概念和实践带来了他们长期积累的经验与令人振奋的新思维。他们打破了常规——这种令人振奋的新思维的背后是哲学，而非心理学。这本书从佛陀和亚里士多德，谈到霍布斯、康德、尼采，又谈到波普尔，

可能会令人眼花缭乱，但作者向我们证明，哲学的教诲与我们的商业实践是息息相关的，而且具有很强的实用性。这本书既具有现实意义，又具有启示意义，是一部真正的力作。

——罗伯特·罗杰斯 (Robert Rogers)

利斯文勋爵

英国议会下议院前秘书和行政长官

本书研究透彻，明白晓畅。它提醒我们，人是企业的核心。企业并不是只关乎数据、效率和产出——企业要解决隔绝，让人们蓬勃发展。在一个受技术支配程度越来越高的世界里，这是一个重要的信条。

——罗伯特·罗兰·史密斯 (Robert Roland Smith)

哲学家

《与苏格拉底吃早餐》(*Breakfast with Socrates*) 作者

- 关于作者 -

艾莉森·雷诺兹（Alison Reynolds）

理学学士（约克大学），可持续发展与责任专业硕士（阿什里奇商学院），哲学研究硕士（在读，白金汉大学）

雷诺兹是霍特－阿什里奇高管教育商学院的教师，她设计并教授的高管课程屡获殊荣。2019 年，雷诺兹与大卫·刘易斯一同入选"Thinkers 50"榜单——表彰他们在认知多样性方面的工作和成就。雷诺兹经常在《哈佛商业评论》上发表她的研究和观点，她参与开发了"Qi 指数"，这是一个世界各地的组织用于更好地了解自身互动质量的工具。雷诺兹与她的伴侣、女儿伊莫金共同居住在伦敦。

多米尼克·霍德（Dominic Houlder）

文学硕士（剑桥大学），MBA（斯坦福大学），哲学研究硕士（白金汉大学）

霍德在伦敦商学院任教超过 25 年，他曾多次获得最佳教师称号。在任教之前，他曾在波士顿咨询公司工作，并在企业界担任高级领导职务。霍德负责管理家族在拉丁美洲的商业利益，此外，在非营利领域，他是英国皇家救生艇协会（RNLI）的理事，也是克罗尔社会领导力基金会和卡鲁纳信托（Karuna Trust）的董事会成员。他的家在苏格兰，在那里，在从事学术工作和为客户服务之外，他还是斯凯岛的自耕农。30 多年来，他一直是一名坚定的佛教修行者。他是《正念与金钱》（*Mindfulness and Money*）的合著者。

朱尔斯·戈达德（Jules Goddard）

文学硕士（牛津大学），MBA（宾夕法尼亚大学），哲学博士（伦敦商学院），哲学研究硕士（白金汉大学）

1970 年，戈达德成为伦敦商学院的第一个博士生。他于 1978 年入职该学院，担任市场营销讲师。他同时担任《国际广告学刊》和《伦敦商学院季刊》的编辑。自 2000 年以来，他在世界各地为高管人员举办了一系列行动学习研讨会（他命名为"发现方案"），这些研讨会旨在帮助高管人员建立与非凡人物的创造性接触，以及刺激企业创新。根据这些经验，他最近与托尼·埃克尔斯（Tony Eccles）共同撰写了《常识的正面与反面》（*Uncommon Sense, Common Nonsense*）。

大卫·刘易斯（David Lewis）

理学学士（朴次茅斯大学），理学硕士（布鲁内尔大学），2019 年入选"Thinkers 50"榜单

刘易斯在 28 岁时被任命为伦敦城市大学计算机科学系主任。他与心理学系合作，开创性地推出了致力于研究以人为本的计算系统的学位课程。在加入毕马威会计师事务所后，刘易斯与合作伙伴共同打造了他们的变革管理实践。在为国际客户提供咨询 5 年后，刘易斯离开了毕马威，创建了一家咨询公司，该公司发展迅速，5 年后被收购。刘易斯留在公司中经营了 3 年英国方面的业务，后离开该公司，成为一名独立的顾问和企业家。

刘易斯于 2011 年加入伦敦商学院，担任课程主任。他曾与学院的一些主要客户合作，并参与学校的王牌课程。他以独特的经验主义视角，帮助领导者改变他们的实践方法，使人们能够得到蓬勃发展并提升创新能力。

与我们合作的领导者遍布世界各地，本书即始自我们在他们身上看到的压力和孤独感。同时，我们也听到了他们的愿望，那就是创造一个让人员、思想和业绩都能够得到蓬勃发展的组织，并成为其中的一员。

对于我们所有人来说，我们工作所在的场所塑造了我们的身份、目的和归属感。我们应该努力创造更加人性化的工作场所，这不仅是为了我们自己，也是为了其他人的雄心和希望。如果想要让世界变得更美好，无论是以产品、服务、政策还是以援助的形式，都需要培育思想的沃土——在更加人性化的工作场所中，每个人的贡献都是有价值的，每个人的贡献都可以得到重视。这就是提升领导力要面临的挑战。

如果回顾一下最近的历史，我们将发现有两种视角会影响到领导力——关注生产力的经济学，以及关注动机的心理学。本书带来了第三种视角——哲学，提出了"什么是好的？""什么是正确的事情？"等问题。彼得·德鲁克有句名言："管理是正确地做事，领导力是做正确的事。"[1]判断什么是正确的事是一个哲学问题。将哲学应用到当今世界的领导力挑战中，能够帮助我们探索什么是正确的事。

寻求意义是人类的基本状态。我们应该为什么而活？我们什么时候是最具有人性的？什么是"美好生活"？我们最想过的生活一直是哲学家们关注的重要问题。我们不是要在享乐的意义上看待美好生活，而是追求阐明我们人生中最重要的东西，以便我们能够蓬勃发展。哲学是关于人类蓬勃发展的学问。在这本书中，我们将用哲学来回答关于"工作中的美好生活意味着什么"的问题。我们会引导读者以不同的方式思考他们自己作为领导者的角色，审视传统的领导思维，提出新的问题，改变优先事项并变革领导实践。

在伟大哲学家的帮助之下，我们将把人和蓬勃发展的含义放在领导力的核心位置，以创造出可以让人员、思想和业绩都能够得到蓬勃发展的组织。

（第 5 章的部分内容已在《伦敦商学院评论》² 中发表。）

注释

1. Drucker, P (2000) *The Essential Drucker: The best of sixty years of Peter Drucker's essential writings on management*, Taylor and Francis.

2. Goddard, J (2018) The Power Paradox, *London Business School Review*, 29 (2), May, pp 14–17.

ACKNOWLEDGEMENTS

– 致谢 –

我们在本书中所表达的观点和理想，是多年来在各种领导力发展项目中与高管们对话的结晶，这些项目主要在伦敦商学院和霍特－阿什里奇高管教育商学院进行。

我们很荣幸能在这样的环境中工作——这么多的领导者和经理人能够自由且坦率地表达他们对当今的工作场所给人带来的满足和苦恼的看法。

在过去的30多年里，我们为来自200多家公司的大约25 000名学员和管理人员设计、指导和实施了领导力发展项目。

例如，我们为罗尔斯－罗伊斯、ICL、Orange、史密斯系统工程、英国国防部和奥美的执行委员会举办了战略研讨会；我们为保诚、达能、益普生、理诺珐、Engie和毕马威等公司的高管人员举办了探索考察；我们为甲骨文、阿联酋航空、基伊埃、迪拜世界港口公司、保柏、玛氏、富而德律师事务所、普华永道、思爱普、雀巢、科莱恩、忠利、渣打银行、埃尔比特系统、孟席斯、Capita、安永、BCR、英格索兰和盛世广告提供了指导和定制方案。我们还与许多届的MBA 学生和斯隆学者课程的学员开展了合作。

所有参与这些项目的人，分享他们的领导经验以及被领导的经验，对我们总结想法起到了重要作用，我们对他们的慷慨精神和诚实表达表示感谢。

我们的学术同行、专业同事以及诸多有影响力的人，特别支持应用于企业的哲学研究，我们对此深表感谢，他们是：Julie Brennan，John Campbell，Michael Chaskalson，Stephen Coates，Sir Martin Donnelly，Yves Doz，François Dupuy，Fiona Ellis，Tammy Erickson，Giles Ford，Shaks Ghosh，Sumantra Ghoshal，Lynda Gratton，Charles Handy，Gay Haskins，Peter Hinssen，Samuel Hughes，Richard Jolly，Judie Lannon，Muriel Larvaron，Lance Lee，Sir Andrew Likierman，Costas Markides，Dame Mary Marsh，Lindsey Masson，Jens Meyer，Nandu Nandkishore，Nigel Nicholson，Kathleen O'Connor，François Ortalo-Magné，Rick Price，Chris Rawlinson，Michael Ray，Megan Reitz，Claire-Marie Robilliard，Bob Sadler，Robert Roland Smith，Sir Martin Sorrell，Donald Sull，Rory Sutherland，Doug Tremellen，Debbie Wayth，Bill Weitzel 以及 Ralph Weir。

CONTENTS

- 目录 -

193　第 8 章 ┃ CHAPTER 8

从参与到相知相交

工作场所中人性化的缺失

哲学为什么重要

你有没有过这样的感受：自己就像工作场所中的一件工具，或者他人机器上的一个齿轮？或许你的下属也曾有同样的感受？

如果有的话，那这本书就是为你而写的。这本书因我们与各层级的领导者和被领导者的合作而诞生，他们遍布各大洲（南极洲除外），有来自国际巨头的，有来自本地创业公司的，有来自公共部门的，有来自私营部门的。我们一次又一次地发现，那些与我们相识相知的人，希望在工作中获得更多的满足感，希望身处更加人性化的工作氛围之中，同时也希望帮助别人达成这样的愿望。

本书的四位作者均就职于全球知名商学院。这些商学院的使命令人称道：让工作场所变得更好。"更好"是什么意思呢？数十年来，商学院一直十分倚重金融学和经济学。这两门学科告诉我们，更好的工作场所意味着更加高效地利用各种资源（包括作为人力资源的人们），从而使人们共同蓬勃发展。近年来，在商学院中，管理心理学的地位日渐提升。管理心理学家进一步指出，仅有效率和财富是不够的，更好的工作场所意味着，身处其中的人们的情感联结更加紧密、合拍，人们对工作的感受更加积极正向。

忽视财富创造和员工敬业度的重要性无疑是愚蠢之举。在这方面，那些经济学和心理学领域的专家可以告诉我们许多道理。不过，我们还需要听听其他的声音。经济学家告诉我们该如何生产产品，心理学家告诉我们该如何感受幸福，但除此之外，我们还需要听一听哲学家的声音。除了物质产品和幸福感受之外，还有什么是对我们有益的呢？这是道德哲学孜孜以求想要解决的核心问题。对我们有益的事物即使我们生而为人，能够促进我们成长，进而获得蓬勃发展的事物。

在这本书里，我们将重现那些伟大哲学家的声音，请跟随我们探索他们对于人的蓬勃发展的观点。如果你能把他们的见解带到工作场所中，那么不管是领导他人还是受人领导，你将不再是工作场所中的一件工具或是他人机器上的一个齿轮。

在因为你而变得更加人性化的工作场所中，你将得到蓬勃发展。在本书中，我们将介绍一些哲学家，他们穷其一生都在探索什么样的人才是完整的人。在本书中，完整的人这一概念与动物和奴隶是相对的——动物对什么是美好生活一无所知，奴隶则对于自身和身外的世界完全没有掌控能力。工作中的很多压力会让我们变得像动物或奴隶，或者对待他人如动物或奴隶。这种情况不会消失，不过，我们总能发现很多机会，也能创造很多机会，让我们的一举一动向真正的、完整的人靠拢。这也正是我们撰写本书的初心。

　　我们想先请你深入思考一下卡尔·马克思的观点。这个建议可能有点奇怪，因为我们几位作者均就职于全球知名的商学院，而我们当中没有人记得马克思曾经出现在哪一门MBA课程的大纲上，不过，他对于工作场所中人性化缺失的认识正是我们关注的焦点。1844年，年轻的马克思是一位出色的媒体记者，他著文哀叹产业工人的不幸境况，"他在自己的劳动中不是肯定自己，而是否定自己，不是感到幸福，而是感到不幸，不是自由地发挥自己的体力和智力，而是使自己的肉体受折磨、精神遭摧残。因此，工人只有在劳动之外才感到自在，而在劳动中则感到不自在"。[1]

我们在工作中是如何丢失人性的

　　马克思的文章针对的是异化现象，这是那段时期整个欧洲在经济效率方面取得非凡进步所付出的代价。马克思看到，对效率和财富的无尽追逐使得独立的手工业工人离开他们的手工作坊而来到如雨后春笋般出现的工业化工厂。在他看来，过去的手工业工人享有自主权，他们为自己创造产品，并为完成产品感到自豪，而不是像在工业化工厂中那样仅仅生产一些微不足道的零件；他们可以掌控自己的环境，可以自由地与其他人发生联系。马克思认为，在理想世界中，"我们的生产同样是反映我们本质的镜子"。

为了提高效率，我们的前辈必须服从管理者，管理者会协调每个人的任务。为了充分利用昂贵的工业设备，工人必须遵守工作场所的纪律，他们不能根据自己的喜好自由地安排自己的工作时间。这意味着，一旦进入工厂工作，"哨声"就决定了他们工作开始和结束的时间，而原来由一个人完成的产品制作过程被分解成一系列精心设计的可重复的流程步骤，每个步骤都经过严格的编排，具体到每个手部动作该如何做。工厂承诺支付的工资更高，独立的手工业工人永远也挣不到这么高的工资，但是这项交易的另一面是工人不得不在人性化缺失的工作环境中放弃自己的人性。对马克思来说，这是一项浮士德式的交易。浮士德是民间故事中的传奇人物，他为了满足自己的物质欲望而把灵魂出卖给了魔鬼。

马克思的毕生好友恩格斯是一位富有的工厂主的儿子，他时常对马克思慷慨相助。正是通过恩格斯，马克思直接了解到了工业化进程所产生的影响。无疑，马克思夸大了手工业工人所拥有的自由。那些手工业工人兼为手工作坊的居所可能拥挤、肮脏且不够安全，给他们提供原料并收购成品的中间代理商可能提出苛刻的条件，他们家里的小孩子可能不得不轮流跟父母一起使用织布机工作。但是，对马克思来说，相对于以上种种情况，工业化工厂所带来的异化是更为严重的问题，因为它否定了人们的真正价值，把人们降为了人力资源，剥夺了人们作为完整的人全面发展的机会。

> 在马克思对工作场所的异化现象提出谴责的 70 年后，早期著名管理学家弗雷德里克·温斯洛·泰勒写道："过去，人是第一位的；将来，系统是第一位的。"

后来，得益于工会的兴起和 20 世纪战争中出现的社群主义，在政府的监管之下，工作场所的氛围变得不再那么苛刻，比如，工作保障有所提升，工资不断上涨，工作场所中出现少许"家长制"作风，这些都让异化程度没有之前那么高。

在马克思诞辰 200 周年前后，马克思重新回到了人们的视野。举个例子，法国经济学家托马斯·皮凯蒂（Thomas Piketty）的著作《21 世纪资本论》（*Capital in the Twenty-First Century*）自 2014 年出版后，销量超过了经济学领域中的所有其他图书。这是为什么呢？因为全球化和技术革命使得工作场所中人性化的色彩越来越淡，与此同时，不平等和垄断的力量却在不断增强。在美国，谷歌和 Facebook 两大巨头控制了三分之二的网络广告，亚马逊占据了电子商务市场 40% 的份额。在世界上的某些地区，谷歌在搜索市场的份额超过了 90%。它们是全球化的赢家。事实的另一面是，大多数组织正面临越来越严峻的竞争压力。我们中的大多数人正是供职于这些组织。

在这个无时无刻不在追求更高效率的时代，首当其冲的正是我们自己。很多人发现自己的工资涨幅跟不上通货膨胀的速度；不管身居何职，人们对工作都没有什么安全感；不管是留下来的正式员工还是那些加入了越发庞大、缺乏保障的零时合同工大军的人，人们的职业生涯都受到越来越严格的控制。尽管从历史标准来看，本书的大部分读者可以说是比较富裕的，但除了少数人之外，那种古老的以更高效率来换取更多财富的浮士德式的交易已经结束。浮士德式的交易暂时抑制了异化感。现在，随着浮士德式的交易结束，强烈的异化感重新出现。对于工作场所中的异化现象，马克思在很久以前就发出了极其重要的警告。即使不认同他的经济和政治方案，我们也应该明智地听取他对异化状况的判断，并时时加以警惕。

如今此起彼伏的许多声音，无不响应着百余年前马克思对异化现象的批判。

对于领导者和被领导者而言，异化都是"诅咒"

我们来看一下德洛丽丝的例子。她是一家位于波哥大的法国国际工程公司分公司的人力资源经理。"我们以前可自由了，"德洛丽丝告诉我们，"以前的老板曼弗雷德把分公司当成自己的公司来做。事实上，他坚持让我们所有人都把公司当成自己家的公司来做。我们也确实是这么做的。大家都全身心地投入到工作中，经常加班到深夜，周末也会来加班。我们相处和睦，在一起非常开心。这么多年来我们把公司一点点做大，作为哥伦比亚人，我们为这个国家做出了很多贡献，我们为此感到自豪。"

我们问德洛丽丝，既然一切如此美好，为什么后来全变了呢？她说："这个嘛，因为效率不是特别高。里昂总公司的人越来越关心我们的成本效益比。我们本以为高质量的客户服务、不错的客户忠诚度，以及我们收取的高昂费用，大大弥补了成本效益比方面的损失，所以总公司的决定下来以后，我们都非常吃惊。"她所说的决定是指总公司要在全球范围内大规模重组（本书的一位作者也牵涉其中）。"所有的当地职能部门都被裁掉了，各个国家分公司的负责人职位也取消了，曼弗雷德现在是拉丁美洲销售部的经理，最近我都没见过他。哥伦比亚的两个工厂也被关闭了。说实话，我在工厂的人面前都不知道该说什么。我只能说这是总公司的决定。"她还说，重组之后，她现在是一个国际职能部门的员工，负责员工福利。波哥大的办公室关闭以后，她大部分时间在家工作。"我现在的部门领导在里昂，我上次见他是一年前了。当然，我们会在 Skype 上开非常多的会议，不过向他直接报告的人有 54 个，这么多人一起开会时，我一般会关掉视频，写我的报告。真没法说那些报告，我以前的同事都以为我是总公司的'间谍'。"

　　公司重组对中层管理者的影响众所周知，那么 MBA 学生呢？我们在顶级商学院工作，每年都能看到一些特别聪明、有活力的年轻人，他们兴致勃勃地渴望施展自己的才华并学以致用，开启辉煌的职业生涯，他们期待自己成为他们那个世界的主人，而不是受奴役者。几十年以来，MBA 学生的理想是在贝恩、麦肯锡、波士顿咨询等战略咨询公司找到一份工作，这样的工作通常薪酬很高，有时候还有丰厚的入职奖励。但是，学生们不是单纯因为钱才被这些公司吸引，他们还被工作前景吸引：在 29 岁的时候，与优秀的同行组成小组开展工作，帮助世界级组织的领导者解决他们所面临的各种艰巨的挑战。不过，现实与憧憬之间往往有难以逾越的鸿沟，比如，我以前的一个学生跟我诉苦，他说自己以前憧憬着做宏伟战略规划的日子，但现实是，他有一年多的时间都在为这件事忙碌——分析沙特阿拉伯国家养老金管理系统项目中一个小模块流程优化计划的一个元素。

战略咨询公司、律师事务所、医药公司和建筑师事务所这些专业服务公司中的高层领导者，确实拥有高度的自主权，他们对自己的工作和来自重要客户的信任感到非常自豪。不过，即便如此，一家全球顶尖公司的高级合伙人芭芭拉还是遗憾地表示，她与客户公司首席执行官的密切关系和她自己的想法不再是职业成功的驱动力，而是销售任何专业人士都无法拥有的庞大的全球流程。

> 芭芭拉说："我觉得自己像机器上的一个齿轮。"我们向她指出，"你是组织中最有权力的合伙人之一，这个组织是你的机器"，她听了显得很吃惊。

很明显，虽然芭芭拉在公司里位高权重，薪酬丰厚，但她的感受与德洛丽丝和我们的 MBA 学生一样，都觉得自己被商品化了。芭芭拉认为她无法从个人角度做出真正的贡献，觉得自己只是一种资源，虽然"昂贵"，但终归只是资源而已。她谈到了人工智能和机器人技术对专业工作场所产生的影响："如果入门级的工作都自动化了，我们还怎么找机会把新员工培养成专业人员呢？我甚至可以这样问，我们以后还需要专业人员吗？"

当我们研究异化带来的挑战时，发现 IT 工作者正在被迫为他们的专业知识编码并使这些知识碎片化，大学老师必须讲授现成的标准课程（还要配备现成的笑话），无数中层管理者与自己的产品、同事以及自己在工作场所中作为人的身份日渐疏离。你的经历是什么？你可能是一名普通员工，或者随着时间的推移，更有可能是"零工经济"中没有全职员工权利的"履约人"。你有没有被当作商品的经历，或是在工作中把别人当作商品的经历？如果一时想不起这样的经历，那就想想我们在当前环境中与时间的关系。我的一位同事说"匆忙综合征"的出现就是一个警示信号，这表明：追求效率造成了异化心态，让我们没有时间去顾及自己或他人的人性。他问道："你有没有趁着微波炉热东西的时候找一件会花费 30 秒的任务去做？踩着点赶上飞机或火车有没有让你很得意？开车的时候你是不是必须找点儿其他事干？在办公桌上吃饭时，你是不是一边吃一边查邮件？你刷牙的时候会不会干点儿别的事？排队或堵车的时候你会不会不耐烦？你会不会觉得自己的手机慢得不能忍受？你是不是讨厌等待计算机开机？你常常想打断别人的话吗？开电话会议的时候你会干别的事吗？还有，在电梯里你会连续摁好几次关门按钮吗？你可以在办公楼的电梯里看看有没有人这样摁按钮。"在他看来，所有这些都是异化的迹象，表明我们已经失去了理智。

如果我们的故事和观察引起了你的共鸣，那你应该好好读一读本书。我们的研究重拾了马克思的挑战，进一步研究工作场所中的异化问题，以及如何才能让人们在工作场所中蓬勃发展，我们既不把他人视为商品化的资源，也不让自己成为商品化的资源。本书是同时写给领导者和被领导者的。本书中的领导者，是指组织中任一层级的领导者。实际上，不管是在公司做全职工作还是做零工，只要是对工作场所的运作产生影响的人，不管是何种影响，都是领导者。我们之所以说本书也是写给被领导者的，是因为被领导者对于自己被商品化负有责任，对于个人的蓬勃发展，被领导者同样负有责任。请记住，异化是围绕着浮士德式的交易发生的。异化是我们为取得高效率所付出的代价，这种高效率让我们能够享受前所未有的物质财富。在人工智能和机器人等新技术革命的背景下，我们能不能改变浮士德式的交易条款，在进一步享受技术进步所带来的巨大效率提升的同时，恢复我们在工作场所中的人性？在本书中，我们的答案是肯定的。只要领导者和被领导者各司其职，领导者用自己的力量和影响力去解开异化的枷锁，被领导者不是光等着领导者来拯救自己，而是担起自己的责任，那么这个愿望就一定能够实现。

本书的架构

本书能够顺利完成要归功于我们的学生和客户，我们在书中讨论了许多他们曾向我们提出的问题，还回应了工作场所日益去人性化，人与人之间越发疏离的问题。

我们在第 1 章探讨了心理学能够为降低异化感、提高敬业度提供的答案，但我们发现只有这些答案是不够的。无论是在工作场所之中还是之外，"美好生活"对我们来说不仅仅是感觉良好，更多的应是追求对我们有益的东西，让我们得以蓬勃发展，发挥我们最大的潜能。我们发现关于这些问题的答案应该源于哲学，因为哲学让我们对"美好生活"有了更加客观的认识。这是古典意义上的伦理学观点。"ethics"（伦理）一词，源自古希腊词语"ethos"（这个词可以被翻译成"人格"）。"美好生活"就是能够通过客观的哲学指导，使我们充分地发展我们的人格的生活。

在第 2 章中，我们介绍了本书所借鉴的第一种哲学智慧。我们向两位大师——亚里士多德和尼采问道，他们的思想可引导我们用截然不同的方法去看待现代的工作场所，他们的思想对如何在工作场所中蓬勃发展与克服异化提供了有益的建议。亚里士多德认为，理性是使人有别于动物或奴隶的独特能力。动物的行动是由本能驱动的，奴隶则是听命行事的，相比之下，人会通过自己的判断做出选择，权衡利弊，同时考虑自己对社会所负有的责任。如果亚里士多德坐上时光机，穿越两千多年来到今天，他一定会惊讶地发现，在当代的组织中，依然有过多的动物精神和太多被伪装起来的"奴隶制"。从亚里士多德的角度来看，领导者应该起到一种关键的教育作用，那就是帮助他人提升技能，做出自由理性的选择，从而改善他们的生活。与亚里士多德一样，尼采（在其 19 世纪末的作品中）也关注人类的蓬勃发展和自主性，但他的目的与亚里士多德不同。对尼采而言，蓬勃发展就是指出类拔萃，就是要把生活当作艺术作品去雕琢。尼采不主张压制所谓的动物精神，主张以创造力为目标，鼓励人们驾驭激情。领导者应该让富有创造力的工作者获得自由，并为保障他们出色地工作去消除所有可能存在的障碍。我们相信，我们既需要亚里士多德式的理性，也需要尼采式的激情，而领导者的任务就是使这两者成为可能，无论两者看起来有多么矛盾。

第 3 章是关于战略的：组织的方向是如何确定和实现的。不幸的是，当代战略的核心假设阻碍了我们的发展能力。它们根植于经济理论，告诉我们只有拥有竞争优势，才能在充满赢家和输家的世界里生存并发展。在这一理论的背后，是对自私的人类本性的悲观看法——我们通过与世界抗争来获得成功。我们希望能发扬一种与之相反的关于人类本性的观点，即我们需要以自我为中心进行自我驱动。这就是佛陀的哲学。应用于当代的组织环境中时，佛陀的哲学首先强调的是创造价值，而非攫取价值；其次，它强调要发展有利于合作行为的生态系统，而非对抗性的以自我为中心的生态系统；最后，它强调在不确定性中保持发展的能力，而非努力控制未来的行为。

　　第 4 章与创造性思维和批判性思维相关。领导者经常鼓励被领导者在对某一行动方案有疑问时依靠自己的常识，上一章所讨论的当代战略就是例证。当然，许多领导者会说，把身处组织看作与世界斗争是一种常识。在本书中，我们将向大家介绍 20 世纪著名的哲学家卡尔·波普尔，他对所谓的常识提出了挑战。通过波普尔，我们希望你可以成为批判的理性主义者。当然，所有的想法和建议都需要批判性的挑战，但波普尔告诉我们，最值得考虑的想法或建议往往是依照常识看起来最不可能但最能经得起批评的。在这一章中，我们会利用波普尔的见解来颠覆传统的领导智慧。我们将展示，伟大的成果与其说是对一致性和绩效文化的回报，不如说是对真理、发现和学习文化的回报。成就并不来自最佳实践，而是来自独特的实践；成就来自拥抱错误，而不是避免错误。我们将为你提供关于如何在你自己的组织中发展和试验批判性洞察力的实用指南。

　　如果领导者通过他们的行为树立榜样，而不是通过他们的指示来明确方向，那会是什么样子？如果领导者不规定"什么是公平的？"，而是去询问"什么是公平的？"，那会发生什么？在第 5 章中，我们将邀请你参与思想试验，即 20世纪美国哲学家约翰·罗尔斯设计的"无知之幕"。在这个试验中，游戏规则是在规则制定者不知道自己在游戏中的具体地位的情况下确定的。在介绍这部分内容之前，我们会在希腊哲学家普鲁塔克的帮助下，探索领导者为员工树立榜样的影响力。我们将探讨领导者的行为方式，以及他们在什么事、什么人身上花费时间等，这些都可以揭示他们的性格。我们看到，美德可以激励他人，领导者缺乏美德则会增加组织中的疏离感。

揭示我们对赋权的错误做法是第 6 章的重点。赋权已经成为组织生活中的一个口号，但具有讽刺意味的是，许多赋权的做法正是组织产生无力感的直接原因，也是产生疏离感的强化剂，而无力感和疏离感是我们在本书中试图"治疗"的症状。这一错误的出现在于人们没有理解权力的真正来源——权力不是来自领导者，而是来自被领导者。我们借鉴了 17 世纪英国哲学家托马斯·霍布斯的观点。霍布斯指出，尽管表面上国王的权力很大，但其权力完全取决于其他人向上赋权的方式。这一赋权机制可以确保社会成为公平的、能够让所有人都得以蓬勃发展的社会。在这一章中，我们将在 18 世纪哲学家伊曼努尔·康德的帮助下，以霍布斯的论点为基础，阐明领导力就是要开辟空间，使个人能够在对他人责任的约束下自主行动。领导者的角色是在组织目标之下，为员工做出示范，让他们明白对他人负责任意味着什么。请记住：权力是他人赐予你的礼物，它随时可以被夺走，仅给你留下一张令人印象深刻的名片。

在那些拥有较多员工的组织中，领导者会将沟通作为完成工作的一种手段。在第 7 章中，我们将看到沟通在组织中逐渐演变成了单方面的传达。这里存在的问题是，"沟通"与"指示"被混淆了。遗憾的是，即使你指示员工他们要做的事情，结果也未必会如愿，你想要看到的行动未必会实现。为了探究人们为什么总是在沟通中使用"指示"这种方式，我们借鉴了公元 1 世纪斯多葛学派哲学家爱比克泰德的观点，他让我们看到了这样的事实：有些事情是不能控制的，试图控制它们只会导致不必要的痛苦。从这个角度来看，领导者应该认识到，他们不能控制人们对新信息的反应。在爱比克泰德观点的基础上，我们转向 18 世纪著名的苏格兰哲学家大卫·休谟，他表明，对于所听到的内容，人们最重要的反应是在心里认同，而不是在脑子里记住。领导者需要为沟通提供便利的条件，事实上，沟通中最重要的是被领导者对领导者的表达，而不是反过来。

第 7 章的重点是有意义的沟通。在这一章，我们要问的是，领导者在跟员工进行交流时，是为了听取学习，还是仅仅为了说服他们？在第 8 章中，我们转向一个与之密切相关的话题——参与。正如领导者在告诉员工该怎么做这方面投入了大量的精力，他们在寻求员工的"认同"方面也投入了大量的精力。在这一章中，我们将重点放在领导者和被领导者之间的关系上，发现"参与"这一概念本身阻碍了工作场所的人性化。我们引用了 20 世纪哲学家马丁·布伯的观点，他提出的问题是：我们是如何与他人进行接触的？一种选择是去个人化，不掺杂个人感情的接触（这在组织生活中非常普遍）：人与人之间的关系是"我与他人"的关系，在这种关系中，他人是我们的意志得到服从和认同的工具。另一种选择是布伯所描述的"我与你"的关系，在这种关系中，我们将他人视作完全成熟的人与之交往，而不是视作工具与之进行交易。领导者（而非被领导者）需要创造有意义的交往环境并参与其中。

在第 9 章中，我们转向了价值观。如今，所有组织的领导者都被期望提出有关美德的清单——诚信、以客户为中心、具有企业家精神等，不一而足。一般来说，我们认为这是以定义组织生活中的美好为目的的善意尝试。但是，正如领导者和被领导者所熟知的那样，在大多数情况下，宣扬企业价值观会引起人们的"冷嘲热讽"。即使是安然这样的企业也有一套价值观，其中诚信位居榜首。在这一章中，我们提供的关键见解是：美好生活没有单一模式；没有与组织中的每个人同等相关的单一价值观。个人有价值观，但组织实际上没有什么价值观。个人的价值观是从婴儿期到成年期形成的，不会因为组织的价值观而发生改变。我们将借鉴 20 世纪伟大的哲学家以赛亚·伯林的观点，他是多元主义最重要的倡导者之一。在伯林的指引下，我们将向你展示关于美好生活的多种阐释，以及它们之间有何冲突。领导者不应该固守那些理想价值观的赞美诗谱，我们将向你展示如何拥有"道德指南针"，以帮助你在面对关于"美好"的不同"路径"之间的冲突困境时，勇敢地争论并选择你的行动方案。

在最后，第10章把焦点放在了领导者身上。蓬勃发展的人是有选择自由的人，但是，当人们自由做出的选择出错时，人们该怎么办呢？一些领导者可能会声称自己情有可原，甚至声称自己一开始就没有做出这种选择，从而让自己脱罪。然而，这忽略了对自由的适当约束，这种约束是自我强加的，也是自由选择的。作为自由人，我们愿意接受规则和违反规则的后果。我们可以为我们的行动和选择带来的成功而欢欣鼓舞，我们也必须为我们的失败负责，不这样做就是否定我们的人性。苏格拉底告诉我们，有骨气或保护自己的荣誉是人类的一个特征，也是我们最不应该丢弃的行为。这给我们提出了一个挑战：作为超越个人利益、恐惧和欲望的领导者，我们应该选择什么？

本书发出了行动的号召，无论你在工作场所中的角色是什么，都可以读一读。我们有责任使他人和自己的工作场所更加人性化。

我们认识到，我们的读者会从不同的角度出发来解读这本书。

我们的一位同事告诉我们，虽然他愿意读这本书是因为他喜欢哲学，但他在阅读过程中丝毫不觉得内容晦涩。对他来说，工作场所中当然有一些苦差事，但总的来说，他觉得自己有很高的自由度进行选择，能以一种得到别人重视的方式表达自己。在这里，我们需要做出一些提醒——这些有利的条件会持续吗？他对它们的态度会持续吗？我们在这本书中提出的建议将有助于使你已经获得的满足感更加持久。

我们的一个朋友，读到这本书的草稿时感到非常恼火，她说道："我当然被异化了，当我们无法改变所谓的工作环境时，当我们每天要面对那些贪婪又无助的人时，谁不会被异化呢？我所能做的就是投入时间工作，拿走他们的钱，希望我还能有兴致在晚上喝几口浓烈的金汤力鸡尾酒。"

> 这似乎是一个很高的要求，但即使不能改变组织的"内部条件"，我们也可以通过本书的建议改变我们对这些"内部条件"的反应方式。

约翰任职于四大会计师事务所之一，他在伦敦总部当门卫，扮演着受限于严格规定的安全管理员的角色，而他拥有一种不可思议的能力，那就是记住名字，并在访客来访时与他们进行真诚的沟通。管理合伙人告诉我们，约翰帮事务所留住了许多高级专业人员苦苦挣扎也没能保住的客户。每年，他们都会带约翰去达沃斯，让他在他们的住处门口当门卫。显然，约翰不是机器上无足轻重的齿轮。

如果你不能改变制约自己的因素，那你可以试试在一定程度上改变自己。事实上，制约因素可以帮助我们发现自己究竟想要如何改变自己的工作，它们甚至可以帮助我们揭示自己的梦想。

注
释

1. Marx, K (1844) The economic and philosophical manuscripts of 1844, in *Karl Marx, Early Writings,* trans T B Bottomore, McGraw Hill, 1963.

01

谁能让我们重拾梦想

理想工作和葬礼悼词

在一个授予学位的项目中，我们请成年学生写一篇短文，简略描述一下毕业后的理想工作，以及他们为什么是那份工作的完美人选。大体上，这些学生处于职业生涯中期，对周围的机会有非常现实的评估，同时他们志向未泯，所以重返校园进行学习。他们描述的理想工作基本上都是认同程度较高的商业职能类工作，如市场营销、商务拓展、财务等，偏好的头衔大多比较传统，如副总裁、主管等。很多人在短文中提到钱，想想他们为重返校园背负的教育贷款，这也很容易理解。基本上，学生们的胜任理由都是自己的升职记录，以及他人在过去这些年里对他们的各种认可。"写完以后，"一名学生说，"它就不怎么像一份理想工作了，而且我为了这份工作所做的一切真的很没意思！"

不过，这名学生那时候还不知道这项任务有第二部分。把理想工作写下以后，学生们要接着写第二篇短文。这篇短文把时间往后拨了大约 40 年，写的是一个令人伤感的纪念场合——他们自己的葬礼，他们要写下最好的朋友会怎么谈及自己。接下来的任务是跟一位同学分享并评论这两篇短文。理想工作和葬礼悼词之间有什么关联吗？这种关联有什么意义？如果没有关联，又意味着什么？这两篇短文中哪一篇更有趣，读起来更有意思？在继续阅读之前，你不妨试着写一下。

不出意料，所有人的短文中都是悼词那一篇更富有激情，更充满对生命的热爱，更有人情味。相比之下，对理想工作的描述往往比较冷淡，关注的是职位而不是人。不过，对工作的描述大都清楚有条理，而悼词虽能带来很多启发，却往往失于含糊，只是说了一些泛泛的希望，如希望有美好生活，希望让世界变得更好等。接下来我们又问了两个问题，学生们因它们在一年乃至更长的时间里展开了争论：怎样才能将悼词中鼓舞人心的部分带进理想工作和工作场所？怎样才能将对理想工作的描述所体现的严谨和现实性带入悼词？

心理学家对美好生活的建议

心理学家宣称，上述关于理想工作和葬礼悼词的两个问题，他们知道答案。

早在 20 世纪 40 年代，人本主义流派的亚伯拉罕·马斯洛等心理学家就认识到通过工作实现理想的必要性。马斯洛提出了需求层次理论，他认为人们最基本的需求是有食物和住所。虽然有些人似乎需要巨额资金来满足自己对大量食物和高级住所的需求，但马斯洛认为人类还需要其他的东西。一旦物质需求得到满足，这一需求就会被与他人交流、在工作中找到自我和表达自我的需求所取代，最终人们会面对"自我实现"这一需求，渴望充分发挥个人潜能。我们希望，理想工作和葬礼悼词所指向的事物在需求层次理论的框架下能够联结彼此，而马克思提出的关于异化的终极难题，即人的自我异化，也将最终在这一框架下得到解决。

在过去的70年里，商学院取得了影响力和信誉，催生了大量的咨询公司、管理大师和管理类畅销图书。在广义的商业学术界，心理学已经成为占主导地位的学科。如今，在大多数商学院，拥有大量心理学家的组织行为学系往往是规模最大、教授人数最多（超过了金融学系和经济学系教授的人数）、博士生人数最多的系，它们的学习和发展项目，不管是在大学还是在工作场所，都占有最大份额。我们所有的心理学同事应该都同意这样的说法：他们的学科可以帮助人们充分发挥他们的潜能，管理心理学可以帮助人们在工作中自我实现，毕竟他们研究的是人的心理。

不过，充分发挥个人潜能是什么意思？马斯洛所说的自我实现又是什么意思？你怎么知道自己有没有达成自我实现？在学术机构中所占人数越来越多的认知心理学家会告诉我们，答案很简单：走出去，问问人们是否实现了蓬勃发展。为了更好地评估，心理学家使用了大量的调查工具、问卷和自我评分工具来衡量人们的工作敬业度、发展活跃程度和自我实现程度。另外，心理学家还认为，通过聚焦那些在调查中得分较高的方面，调查数据可以帮助人们改善工作场所的氛围。但遗憾的是，在实践中，敬业度调查的主要作用是让人力资源部门在看到数字排名下滑时产生高度的焦虑感，因为他们已经为了给员工营造更好的工作场所而采取了花费不菲的措施。

我们的客户之一，一家国际大银行的人力资源总部相信所谓的"自我实现"，并开发了一个项目，目的是帮助银行数千名中层管理人员在执行组织战略时"在感情上更加投入"。这个项目是"以客户为中心"原则和"创新文化"的"大杂烩"，一开始便出师不利。为了让管理人员感受到自己被赋权，从而提高工作主动性，并对银行项目有"主人翁意识"，培训人员举办了一次工作坊。令人意想不到的是，在这次工作坊中，原来在试点会议上的私下抱怨变成了公开的异议。培训人员要求管理人员分小组讨论，回忆自己感觉被赋权的时刻。但是，没有人提出自己在工作中感觉被赋权的例子。在我们观察的那组管理人员中，有一位谈到他带领自己孩子所在的班级进行体育活动，另一位谈到自己为清真寺筹款。然后，培训人员要求他们回忆自己在从事银行工作时是否有同样的被赋权感。有人说："你为什么要求我们去回忆那些明明没有的东西？"用所剩不多的耐心和热情，培训人员谈起了他们必须"认同"（她用了认同这个词）。"这更糟糕，这是在侮辱我们的智商。这些研讨是强制性的。说到要认同银行的战略和培训项目，好像说我们像顾客一样，有选择的权利，但显然我们没有。我们不想被说服。我们唯一要求的是尊重我们的智商，不要向我们灌输这些强加的口号。"后来，我们听说该银行的人力资源总部要求所有员工都必须参加一个新的正念压力管理项目。

有一点我们要清楚，该银行的人力资源总部的本意是好的，他们没有侮辱员工的意思。他们真诚地希望员工感觉更好。但是，这里存在一个根本性的缺陷，这个缺陷带出了本书的核心观点。

> 被赋权和感觉被赋权不一样。达成自我实现和感觉很投入、感觉自我实现了或者感觉自我实现的程度比昨天更进一步了不一样。

"我感觉自己实现了蓬勃发展"（基于敬业度调查的数字尺度得出这一结论），这个结论可能不太可靠，无法衡量"我"是否真的实现了蓬勃发展。感觉很美好不一定等于过着美好生活。

感觉美好有什么不对吗

没什么不对，但不要把这作为自我实现的"试金石"。因为，正如我们接下来要讲的，心理学视角存在一个根本性的缺陷。

心理学家认为，可以通过科学的方法来了解美好或幸福的感受，理解美好生活，因为这些都是可以测量的（基于自主填写的分数），而通过可重复的试验或统计分析大量的数据样本，还可以发现它们的促进因素。

针对美好生活的这一观点在当代学术界和商业文献中占有主导地位。它内含情绪状态的驱动因素理论，认为精神上的蓬勃发展是抑郁和焦虑的对立面。研究幸福心理学的丹尼尔·海布伦（Daniel Haybron）列出了幸福的三个方面，每个方面都有对应的情绪状态。第一方面对应认可状态，这种状态指的是怀着一些情绪，比如喜悦或悲伤，接受并认可了周边的生活状况。第二方面对应参与状态，例如在环境中达到心流状态或感觉充满活力。第三方面对应协调状态，如平和、坦然和自信。但是，这些所谓的科学方法面临着一些重大挑战。

第一个挑战是我们可能没什么办法去改变我们的感受。根据"设定点"理论，每个人都有一个相对稳定的感觉美好的设定点，每个人都有某种程度的快乐倾向，随着时间的推移，不管我们做了什么，或者为改变而做了什么努力，我们每个人都会回归到这个设定点。有人研究并评估了严重的身体创伤、丧亲之痛、离婚、经济损失和搬家对人的影响，发现这些事件都会给当事人造成心理创伤，但在一年左右的时间里，人们对自己和世界的感觉往往会恢复到之前的样子。一些研究提出了"集体设定点"，即某个文化中的大多数人有相似和稳定的幸福水平。其他研究则发现了"遗传设定点"，比如分离的双胞胎会有相似的倾向。

第二个挑战是调查报告有局限性。纽约州罗切斯特大学校长理查德·费尔德曼（Richard Feldman）指出，有关情感（或感觉）的调查数据会受到感知基础不可靠的影响。[1]他指的是存在不稳定问题（感知可能会改变）、易错问题（感知可能会受到一些琐碎因素的影响，比如一位有吸引力的调查员），以及时机问题（没有一个理想的时机来报告某人的感觉如何，临终前的回顾尤其不可靠）。芝加哥大学法律和哲学教授玛莎·努斯鲍姆（Martha Nussbaum）则认为调查过程中会存在欺凌问题：心理学家会在不知不觉中欺凌被调查者，让他们在非常有限的范围内（比如用单一量表）对自己的感受进行评测，而从直觉上讲，感觉美好应该涉及多个决定因素。[2]

第三个挑战是我们感知自己感受的能力可能会随着时间的推移而改变。如果我们的这一能力弱化，那我们可能会过着贫乏且阻碍重重的生活，对生活中的些微幸运过分感恩。

　　但是，对于"美好生活就是感觉美好"这样的观点，还有更为根本的挑战。哲学家罗伯特·诺齐克（Robert Nozick）在 1974 年出版的一本书中描写了名为"快乐机器"（或"体验机器"）的思想试验。[3] 快乐机器可以提供各种各样无限快乐的感觉，从快乐兴奋的状态到终生满足，应有尽有。但是，他断言，很少有人会选择使用这样的机器，因为直觉告诉我们，只有通过活动才能获得这些愉悦的感觉。玛莎·努斯鲍姆在她的熟人中做了一个对比，一种人过着轻松愉快的沉思生活，另一种人过着积极进取的生活，以压力、健康和孤独为代价取得了巨大的成就，她认为，大多数人会认为后者生活得更好。

做对你有益的事情

　　心理学家认为美好生活就是感觉美好。不过，你在做对你有益的事情吗？

　　主观的回答——只是做你想做的，得到你想要的，满足于你已得到的——是不够的。例如，你可能想花一辈子的时间整天数树叶，凭借直觉，这似乎不能算美好生活。此外，对于那些没有什么雄心壮志的人来说，对"做什么对我有益？"这个问题的主观回答未必能指向美好生活，只做很少的事情或者什么都不做，从直觉上说，实现这样的生活愿望也不能说是拥有了美好生活。此外，欲望可能以破坏性目标的形式出现，匈人帝王阿提拉很可能得到了他所想要的一切（传说他在新婚之夜因流鼻血窒息而死）。这些事实说明，对于"做什么对我有益？"的问题，我们需要更为客观的答案。

马丁·塞利格曼（Martin Seligman）是积极心理学派的奠基人，他把美好生活的概念从情感和主观性中抽离出来，转向一系列值得追求的事物上。[4] 这些值得追求的事物包括成功的事业、友谊、良好的艺术欣赏品位、哲学硕士学位等。这里的问题是，尽管从直觉上来说它们都很值得去追求，但对于它们应该如何排序，他没有清楚地说明。但是，排序这一点很重要，因为更大程度的蓬勃发展总是源于更有价值的追求。我们需要客观基础来对这些"让我们获得美好生活的途径"进行排序。没有这种基础，主观性必然会回归。

我们如何找到"获得美好生活的途径"，或者找到较为客观的方法，来衡量去商学院拿 MBA 学位对我们更有益，还是参加艺术课程对我们更有益呢？

> 虽然心理学及其研究工具可以帮助我们理解自己积极或消极的感受，但我们需要借助另外的智慧之源来了解什么对我们有益，这可以帮助我们打造氛围良好的工作场所。

哲学就是这样的源泉，千百年来，哲学家们一直在探索幸福意味着什么，什么对我们有益，从而让我们有机会充分发挥自己的潜能。

我们来看看两位哲学家的观点，他们对"获得美好生活的途径"，即我们判断哪些东西对我们自己和其他人更好的标准有深刻的见解。我们可以跟随他们的脚步看看应该如何设计工作场所，让人们过上蓬勃发展的美好生活。第一位哲学家是两千多年前向人们传道授业解惑的亚里士多德，第二位哲学家是站在后现代时代开端的德国哲学家弗里德里希·尼采。两位哲学家所关注的问题都是人如何成为完整的人，有别于动物、奴隶、愚昧群体（"羊群"）成员的人。他们孜孜以求的是帮助我们发现客观的答案，这些答案对我们生活的各个方面都会有深远的影响，尤其是在应该如何工作方面。对亚里士多德来说，成为完整的人意味着成为理性的人，并且要允许别人也能成为理性的人。对于他来说，拥有理性是"获得美好生活的途径"，越理性越好。对于尼采来说，"获得美好生活的途径"是经由奋斗而获得卓越。

小结　　在第 2 章介绍亚里士多德和尼采之前，我们先对第 1 章做个总结。在这一章，我们探讨了对于在工作场所实现蓬勃发展（与工作场所的异化相对）所面临的挑战，心理学提出了什么样的对策。我们发现这些对策的局限性在于太过依赖经验数据，而这些数据来自个体对美好生活的感觉，而不是美好生活本身。做对你有益的事并不意味着你总会感觉良好。哲学超越感受，直指美好生活的根本之处。

问题

1. 你会如何描绘你的理想工作和你最好的朋友在你的葬礼上所做的悼词？这两者之间有什么联系吗？如果有，这种联系的意义是什么？如果没有联系，这重要吗？

2. 你和你的下属在工作中是否实现了蓬勃发展？你是怎么知道的？

3. 你有什么成就是你现在引以为豪的，而当时有过怀疑并做出了艰难的牺牲？

注释

1. Feldman, R (2008) Whole life concepts of happiness, *Theoria*, 74 (3), pp. 219-38.

2. Nussbaum, M (2012) Who is the happy warrior? Philosophy, happiness, research and public policy, *International Review of Economics*, 59, pp. 335-61.

3. Nozick, R (1974) *Anarchy, State and Utopia*, Basic Books, New York, pp. 42-45.

4. Seligman, M E P (2002) *Authentic Happiness*, Free Press, New York.

02

第 2 章

人性化工作场所中的
理性与激情

亚里士多德是谁

我们的一位同事认为我们试图从古代智慧中汲取应用于现代的洞见是相当荒唐的，他说道：

> 那些哲学家大多是白人男性，通常过着离群索居的生活，况且他们逝去已久。在如今的世界里，我们有真正的、现成的、实证的科学，不必再依靠古老的观星学说，你们能从他们那里得到什么？

事实上，亚里士多德的确是一位生活在很久以前（约公元前 384 年至公元前 322 年）的男性，但他在其他方面并不符合这位同事所说的情况。他应该是棕色人种而非白色人种，创立并管理着吕克昂学园（他自己的学习机构），曾担任亚历山大大帝的导师，兴趣范围从海洋生物学到气象学，再到领导艺术，无所不包。这位非凡的多才者在 17 岁时进入了雅典的柏拉图学园，与老师一起追随苏格拉底的足迹，但他后来彻底偏离了他的老师，发展了自己的观点。这种观点后来导致他因渎神的罪名逃离了雅典——发展个人独立的观点是亚里士多德自己开展教学的核心。

亚里士多德的书面作品只有一小部分被伊斯兰文明保存了下来。他的大部分著作探讨了成为完整的人的意义。就我们撰写本书的目的而言，最精辟的论述可以在《尼各马可伦理学》一书中找到，亚里士多德在其中问道：是什么将一个人，一个完整的人，与动物或奴隶区分开来？动物是由原始的激情和食欲驱动的；奴隶只是为他人所驱动，没有自己的力量。这两者都不会拥有幸福并实现蓬勃发展。

> 奴隶没有做出选择的自由，动物则过着红牙血爪、残酷野蛮的生活，并因此遭受巨大的痛苦。相比之下，实现蓬勃发展的人指的是，了解什么对自己有好处并有相应的选择自由的人。

使幸福和蓬勃发展成为可能的人类品质是理性，动物没有这种品质，奴隶无法"使用"这种品质。理性是"美好的缔造者"，它指导我们应对生活带给我们的挑战和机遇。

亚里士多德的中庸之道

亚里士多德认为，"美德"使人生活得更好。对他来说，所谓的"美德"包括友爱、慷慨、勇气和坚韧。他在两千余年前列出的美德清单在今天仍然具有直观的意义。但是，如果没有具体的背景，这些词语的意义就不大了。"勇气"一词听起来不错，但也只是一个词，除非我们知道它在特定情况下意味着什么。在这方面，亚里士多德敦促我们去探索他所谓的"中庸之道"，这是介于过度和不足之间的中间道路，也是介于走得太远和走得不够远之间的中间道路。那么，勇气这一美德介于过度的"恶"（鲁莽）和不足的"恶"（懦弱）之间。类似地，没有一个好朋友会不断地奉承你并试图取悦你，也没有一个好朋友会总是讽刺你并挑剔你。伟大的友谊是介于这两者之间的。同样地，慷慨是介于"扔掉你的钱"和"成为守财奴"之间的。在工作领域，亚里士多德的"甜蜜点"则介于成为横行霸道者和成为怯懦者之间——成为坚韧不拔的人。

我们要如何发掘这个"甜蜜点"呢？亚里士多德的答案是，通过使用我们的理性，通过教育的磨炼来发掘：探索我们和其他人在特定情况下如何行动，进行试验，反思结果并再次尝试。那些已经学会使用理性的人有义务教导他人，以便他人也能找到中庸之道。在亚里士多德的时代以及今天，世界是非常不稳定、不确定、复杂和模糊的。简单地遵循规则，或做我们一直在做、感觉在做的事，对我们并没有好处。如果要成为完整的人，我们必须发展自己的观点。

亚里士多德的理想工作场所是这样的：通过机会和训练使用我们的理性来发展我们的人性。

奴隶的工作场所？

亚里士多德可能会喜欢当代语言中的"赋权"一词，但他也会对这个词在我们工作场所中的实际应用情况持有不同的看法。本书作者中的一位曾与一位首席执行官共事，令人难忘的是，这位首席执行官表示，对他来说，"最好的经理人是那些 30 多岁，有一大笔抵押贷款和几个孩子的人"。换句话说，他们会听命行事。我们曾与一家大型 IT 公司合作，该公司的销售人员被反复告知"无论如何都要在本季度提高销售额"。这些销售人员都知道这将以破坏客户关系为代价，但他们却耸耸肩告诉我们，他们只是在服从命令。我们一位在大学工作的同事（在奇怪的学术等级制度中被称为"工作人员"而不是"教员"）指出了学生评分系统中的异常情况，却被一位高级教授告知他无权过问。

亚里士多德会把以上这些看作"现代奴隶制"的体现。理性的判断力被封闭了，而这可能是有传染性的。耶鲁大学的著名学者欧文·詹尼斯（Irving Janis）创造了"群体思维"（groupthink）一词，用来描述这样一种情况：一个群体的所有成员都在表面上同意他们私下里并不同意的行动方案，却从不表达他们的不同意见。[1] 一位在巴林银行（一家英国蓝筹投资银行，在 20 世纪 90 年代中期惨遭破产）董事会工作过的朋友说："在关键的董事会会议上，每个人都想就新加坡业务的异常交易结果提出问题，却没有人这样做，因为他们不想在董事长眼中显得很愚蠢。"《魔鬼交易员》（*Rogue Trader*）是一部描写该银行破产事件的电影，我们认为这部电影的另一个名字可以是《由旅鼠控制》（*Lemmings Take Charge*）——员工（奴隶）就像旅鼠一样，如果公司的政策是命令他们向悬崖进军，那他们就会照办。

亚里士多德不会鼓励为了制造麻烦和破坏规则而去开展行动。他认为个人是在群体的背景下作为个体行事的。他在吕克昂学园的听众是由自由公民组成的，这些人有保卫他们的城市（雅典）的义务和职责。

> 这意味着致力于拥有自己的观点，为自己解决问题的同时也要尊重他人的观点并向他人学习。

与我们合作的一家专业服务公司谈到，即使是最初级的专业人员，也有"提出异议的义务"——当员工发表意见时，一些不同的观点将不得不被搁置，以便公司采取统一的行动，但决策的质量将得到极大提升。那些有主见的人更有可能在动荡的年代里成为可靠的人，奴隶们则更有可能惊慌失措地四散逃跑，特别是当指挥系统被摧毁而没有上级来发布命令时。

动物的工作场所？

奴隶不被允许使用或发展他们的理性，动物则没有理性，全靠本能和激情行事。如果你现在到交易所去，就会发现这里到处都是在商业界最不受尊重的人。平心而论，那些交易员在股票、债券、货币或商品方面是非常理性的，他们有很多机会在对与错之间做出选择，并努力为他们自己、他们的机构和客户做正确的事情。

然而，动物精神也可以占据主导地位。全世界都看到了安然公司的交易员是如何操纵加利福尼亚的电力供应的，他们故意制造电力短缺，以创造价格高峰，然后获得超常规的利润。正如安然公司交易员的录音所证明的那样，他们这样做的时候越来越兴高采烈。2001 年，加利福尼亚的电力网络崩溃，人们甚至因此而死亡。但是，没有道德底线的动物精神不仅仅是交易员的"专利"。另一个机构的同事给了我们一盘录像带，里面记录了安然公司的首席执行官杰夫·斯基林（Jeff Skilling）在停电期间对 MBA 学生的讲话。他开始讲话时，脸上带着灿烂的笑容，他问道："加利福尼亚和泰坦尼克号之间有什么区别？"他的回答是："至少当泰坦尼克号沉没时，灯还亮着！"很难想出比这更无聊的笑话，而这笑话是以他所管理的交易员给人们造成的巨大痛苦为代价的。不久之后，安然公司倒闭了，杰夫·斯基林则因欺诈罪被判处重刑。当我们观看这段视频时，令我们震惊的不是当时的情况或笑话本身，而是几百名 MBA 学生的大笑和热烈的掌声——这些人将来也会成为领导者。动物精神是有传染性的，有时甚至是致命的。

看到这里，你可以反思一下，在你自己的组织中，你什么时候看到过这种动物精神压制理性判断力的情况？你是否曾经让即时满足感压制你的判断力？

对于亚里士多德来说，问题不在于人们是否违反了某种固定的道德准则。事实上，亚里士多德无疑会设想一些情况，在这些情况下，运用务实的理性会使保证公司的财务健康成为首要任务。问题是，当动物精神占据主导地位时，受到破坏的是人们的道德指南针——不仅仅是准则，此外，随之而来的是，"做出决定，从而去做正确的事"的技能逐渐被抛之脑后。

我们的一位客户刚刚担任了一家大型专业服务公司的领导者，他在上任之初就告诉所有在该公司工作的人今后必须"做正确的事"。我们建议他也邀请员工思考什么是"做错误的事"，什么会使这样做如此有吸引力，以及正确和错误之间的灰色地带可能在哪里。例如，对于一个异常昂贵的客户娱乐项目，公司要面临的挑战不是制定道德准则，而是帮助人们构建一个由理性驱动的道德指南针。

综上，对亚里士多德来说，创造工作场所中的人性化意味着创造越来越理性的环境。

尼采带领我们超越理性

谈及尼采，我们要将位于两千余年前的时间指针拨到19 世纪末。尼采几乎与所有人意见相左。他认为亚里士多德设想中的理性工作场所是沉闷的，每个人都在思考该怎么做，而不是继续投入出色的工作，将自己的技能磨炼得完美无缺。然而，他在很大程度上继承了亚里士多德的关切，试图解答同样的核心问题：什么是美好生活？像亚里士多德一样，他试图寻找客观的答案：仅仅感觉良好是不够的。像亚里士多德一样，他试图寻找"美好的制造者"——能让我们弄清楚什么是最好的标准，而不是盲目地采用别人的道德准则或等待永远不会到来的神圣指引。

在这本书中，我们将邀请你进入一系列以"如果"开头的思想试验：如果我们根据一系列不同的哲学见解来组织我们的工作场所，并基于那些回答了"什么是美好的、完整的人类生活？"的哲学观点来规范我们的行为，会怎么样？我们从亚里士多德开始，并选择尼采作为第二位向导。尼采是一个富有诗意的、偏激的、充满争议的人，我们可以通过尼采，看到一种与亚里士多德的冷静的、深思熟虑的、结构化的观点截然不同的观点。通过引导你从本书一开始就踏入这两种关于美好生活的截然不同的观点领域，我们希望可以激起你的好奇心，你可以思考那些以"如果"开头的思想试验，这将使你带着疑问去阅读接下来的章节。

> 我们并不是想要告诉你，你需要按照亚里士多德、尼采或任何其他人的见解重新组织你的工作场所，但我们认为你需要发展自己的观点，一种亚里士多德和尼采都会同意的观点。

尼采于 1844 年出生在德国。他短暂而卓越的职业生涯因他 45 岁时精神崩溃而告终，直到 1900 年去世时，他都没有从疾病中恢复过来。他影响了包括海德格尔、德里达和福柯在内的众多哲学家，并对精神分析学说的创始人卡尔·荣格和西格蒙德·弗洛伊德产生了巨大的影响。在文学方面，萨特、加缪、托马斯·曼和赫尔曼·黑塞等人的部分灵感都来自他。他的作品在 20 世纪 20 年代和 30 年代为纳粹党所用，他的妹妹成为阿道夫·希特勒的知名崇拜者。非常不公

平的是，这样的关系主导了大众对他的看法。事实上，尼采最
讨厌的就是那些穿着制服、整齐一致、举着旗子喊着反犹太人
口号的汗流浃背的人，因为纳粹党或任何其他团体的大规模
运动恰恰代表了他所憎恶的——人类大多都被困在其中的群
体，他思考的则是人如何超越群体，作为个体而蓬勃发展。

对于尼采来说，要想作为个体而蓬勃发展，意味着成为
"更高级的人"——已经完全发挥人类潜能的人，意味着必
须根据自己的经验对美好生活做出自己的判断。相比之下，
"羊群"的成员则期待他人为自己做出判断。这些人可能是
牧师、老板，抑或是哲学家。他认为，更为恶劣的是，至少
在西方文化中，那些宣扬真理的人实际上鼓励的是一种奴隶
式的道德，一种让"羊群"亦步亦趋的道德。这就是他对基
督教著名的抨击。他声称，基督教是在罗马奴隶中产生的一
种宗教。虽然奴隶们打心眼儿里想要财富、权力、美貌、快
乐和健康等，但他们知道自己永远不可能拥有它们。于是，
他们的神职人员"反转"了美好的标准——主张提升人的温
顺、利他、谦逊、怜悯和忍耐水平，这实际上破坏了个人的
蓬勃发展。如此，即使是潜在的伟大之人也可能被诱导从而
放弃他们的潜能。此外，"羊群"的成员会对他们所拒绝的
那些"好东西"有一定程度的认知，然而清楚地知道他们无
法得到这些东西，从而他们的生活会被一种沉闷的怨恨所笼
罩，特别是面对那些看起来实现了蓬勃发展的人时。

　　你有没有在自己的工作场所看到过这种情况？那些领导者谈论价值观，甚至委托顾问举办研讨会，致力于让所有员工知道他们要坚持什么样的价值观。通常情况下，他们很少谈及个人的发展，而大量谈及团队合作、谦逊、遵守和参与。同时，每个人都很清楚，那些进入高层的人很少表现出这些品质，但那些优秀的员工还是参加了与价值观相关的研讨会。通常情况下，员工的怨恨能够得到正式化的唯一途径是给学习和发展部门提供的研讨会或课程以不良评价。合作企业的前员工休告诉我们，那时所有高级员工都必须签署一份不参与腐败活动的企业道德倡议书，作为对首席执行官的个人承诺。休说："他这是在让我们为他撑腰。当然，我会像其他人一样签署这份倡议书。但是，他同时希望我们无论用任何方法都要达到公司设定的目标。"有趣的是，他们的首席执行官彼得爵士告诉我们，他厌恶任何形式的腐败，并认为期望他的所有下属都能按照倡议行事是完全合理的，即使这样做会牺牲预算目标。不幸的是，如果将他自己的价值观简单地强加给别人，那么这种举动就没有任何意义了。

道德权威的终结

　　尼采在他自己的时代看到了传统道德权威的崩溃，这使得人们必须发掘自己的价值观。教会、政府和其他握有道德权威的机构所代表的公认的智慧受到越来越多的质疑，并引发了虚无主义观念——相信生命是没有意义的。尼采认为这是他那个时代的西方文明崩溃的原因，这在个人层面会导致愤世嫉俗、享乐主义和绝望，在集体层面会导致社会崩溃和冲突。他并没有错。在他死后不久，世界上有史以来最可怕的战争周期开始了，并将人们的生活笼罩在漫长的阴影之中。

在今天的许多组织中，我们经常看到信任的崩溃和对权威的接受，这导致了人们愤世嫉俗和冷眼以对的心态。在这个每个人的意见都可以被广而告之，任何针对领导者不当行为的指控都会被立刻曝光的时代，我们很难看到道德权威在组织之中的重建和恢复。所有的首席执行官都应该看看 Glassdoor[⊖]，看看员工对他们的真实看法，而不是依赖官方的敬业度调查。如果人们不再盲目相信他人的价值观，那么人们就必须发掘自己的价值观。如果你的组织能够将此作为宗旨的一个基本方面（即帮助人们发现他们所关心的东西，活出他们想要的样子），那么这本身就可以成为一种真实的集体价值，这种价值可以团结行动，释放出由个人组成的社

⊖　Glassdoor 是美国一家做企业点评与职位搜索的网站。在 Glassdoor 上可匿名点评企业，包括其工资待遇、职场环境、面试问题等。——译者注

群的非凡能量，而不是创造出一个士气低落的"羊群"。

脱离"羊群"

尼采发出了号召：重塑我们自己的价值观。我们如何做到这一点？他告诉我们，关键在于自我意识：我们需要意识到支配我们行为的种种层次的驱动力，以及我们如何将这些驱动力转化为价值观。例如，我们可能为自己愿意帮助别人而感到自豪。经过检验，我们会觉得这可能是由于我们不想让母亲失望。这在本质上并没有错，但问题在于，这种观点本质上是用一套属于别人的价值观来掩盖我们的本我。尼采会鼓励我们进行试验，看看哪种驱动力可以让我们发挥潜能，看看这样的驱动力会将我们带往何方——如果那是让我们更有活力、更少怨恨、更有力量和更为自己感到自豪的地方，即可以让我们行使他所说的"权力意志"，那么我们就可以给这样的驱动力贴上价值标签。然后，它们将成为我们自己的价值观，这将使我们更深入地了解我们自己的行为方式，并反思我们如何能够更好地行事。其中一些驱动力可能来自内心深处黑暗的地方，但随着自我意识的提升，这样的驱动力也可以被转化。例如，做出残忍行为的冲动可以升华为追求卓越的竞争。但是，如果我们继续用谦逊的价值观来欺骗自己，那么，做出残忍行为就会一直是隐藏的驱动力，甚至会产生不好的后果，随之，我们追求卓越的潜能就会渐渐消失。

作为艺术作品的生活

尼采告诉我们，我们必须为"我们是谁？"和"我们做了什么？"承担个人责任。这样，我们就会像艺术家创造杰作一样，精心对待我们的生活和我们所坚持的东西。

尼采提出过一个著名的试验。请你想象：有一天晚上，一个恶魔出现在你面前，并告诉你，你的生活将一次又一次地重复，无休止地重复，每一次痛苦、悲伤、快乐、成就和羞辱都会被重复。你会咒骂这个恶魔吗？还是会感到无比感激，因为自己被允许无休止地体验自己的创造，无论好坏？通过这个试验，尼采能够测试出一个人对自己生命的肯定度和责任感。

在尼采后来的作品中，他敦促我们关注"小事"——饮食、运动、阳光、休息的时刻，因为他认为，我们有义务获得足够的韧性来承担起对生活的责任。

对尼采来说，负责任的生活是斗争的生活。他的许多比喻都是关于爬山的：在攀登过程中拥抱努力、抛弃轻松，以征服山顶。事实上，他在一个能够俯瞰瑞士阿尔卑斯山恩加丁谷地的小木屋里撰写了许多作品。他所谓的"更高级的人"应当对自己要求严格，自律性强，在攀登过程中只与能够鼓励和挑战自己的同龄人交往。但这过程并不全是艰苦的磨炼，因为他笔下的"更高级的人"会在山顶上欢笑雀跃——并不是自我奖励，只是施展创造性的一部分。摆脱了"羊群"和奴隶道德的"更高级的人"将致力于能够将他的精力和技能统一起来的伟大的创造性工作，这也将成为其人生目标。

尼采式的工作场所

你会雇用尼采笔下的"更高级的人"吗？他们将会是难以取悦的、不讲道理的人，这种人不适合官僚程序，但会给你的组织带来难以置信的具有创造性的决心。也许你的部门里已经有了这种人。如果人力资源部门能够容忍他们跳过那些价值观研讨会，单刀直入地推进工作，他们或许能够在这里生存下来，并成为你最重要的人力资产，但可能是作为个人贡献者，而不是作为经理或管理者。你认为他们会留在你身边吗？

许多组织都有 360 度评估，在评估中，每个人都会被同事、上司和下属评价。这些评价往往与奖金和晋升挂钩。很容易想象，评价过程对任何一个自尊心强的"尼采人"（尼采笔下的"更高级的人"）来说都是耻辱的，因为关于什么是好的以及工作是否完成得好的判断只属于那些已经发展出这种判断能力的人。"尼采人"尊重真正具备这种判断能力的同行，而一群人没有根据的判断可能会导致"尼采人"无法继续在这里工作下去。

"尼采人"勇于攀登，积极进取，因此仅仅做一份工作是远远不够的。我们应该帮助那些有抱负的"尼采人"制订他们自己的发展计划，同时我们要认识到，这种发展计划还应涉及工作场所以外的生活，甚至应超越他们目前雇主的职业生涯。

> 与其把"尼采人"放在团队之中，不如让他们找到自己的同伴，并与其他攀登于上升通道的人构建网络，这些人追求多样化的创造性工作，并希望分享挑战和灵感。

就像尼采本人一样，有抱负的"更高级的人"很可能在巨大的压力下生活和工作。尼采所说的"小事"，合适的环境——舒适的工作空间、怡人的自然景观、有营养的膳食以及或多或少的强制性放松，将是保持尼采式天赋的关键。

尼采认为，创造良好的心理以及生理条件是实现蓬勃发展的关键。他给出了两条建议。第一条建议是"做出尽可能少的反应"。他举了一些作家的例子，这些作家因为花时间和精力对别人的想法做出反应而毁掉了自己的天分。他说："顾着批评别人的想法，将导致他们不再为自己而思考。"[2]他的第二条建议是"要自私，但要有限制"。他告诉我们，有时要自私地说"不"，但也要尽可能少说"不"。换句话说，我们应该避免那些消耗我们精神资源的情况：关注"小事"可以避免分散我们对"大事"的注意力，并为更重要的任务节省能量。在工作场所中，我们都知道，当一群人审查另一群人的项目时，所有人的能量都遭到了极大的消耗；我们总是能听到无休止的要求加强合作的呼吁，这使我们从本职工作中分心；我们总是被卷入那些不间断的电子邮件跟进中，而这些邮件往往并不需要抄送给我们。如果要设计一个尼采式的工作场所，那么这个场所将保护我们不受杂乱无章的琐事的影响。

最近，苏铭天（Martin Sorrell）爵士向我们的学生介绍了他在 2018 年离开 WPP 后成立的新公司。苏铭天爵士用 30 余年的时间将 WPP 打造成广告和营销服务领域的三大全球控股公司之一。在 WPP 的各机构（凯度、奥美、智威汤逊和许多其他机构）里都有杰出的创意人才。但是，正如苏铭天爵士告诉我们的那样，在这些具有创造性的头脑提供的想法被执行之前，总是有许多令人厌烦的步骤和过程，这些步骤和过程随着时间的推移不断积累。客户经理会与客户交谈，审查简报，策划人员会起草计划，情绪板和故事板会在不同部门之间反复展示，制作团队可能会询问可行性，而最后客户可能会要求WPP从头再来。即使不试图整合WPP各个机构的规则，整个过程也可能需要几个月的时间，一旦电视广告上线，公司几乎没有评估影响的空间。难怪广告创意人喜欢尽可能地专注于在戛纳赢得颁给最佳创意作品的狮子奖，因为只有在那里他们才能感觉到，他们的工作在公司的泥潭之外得到了真正的同行的赞赏。

苏铭天爵士开设的新公司是S4资本（S4 Capital）。它可以使那些有创意的人才摆脱挡在他们和世界之间的旧官僚主义。作为一位70多岁的领导者，苏铭天爵士正在试图唤醒他手下的人才在看到自己的创意产生影响时的兴奋之情。S4资本专门提供数字媒体的端到端解决方案，他们的产品周期以天为单位，而不是以月为单位——创造性的产出，以及创造者本身，通过有力的试验不断得到检验（正如苏铭天爵士本人一样）。每个人都有充分参与真正重要的工作的自由，每个人都可以以艺术家的身份工作，抛开所有充斥着冗长的、耗费精力的活动的繁文缛节。在采访苏铭天爵士时，我们看到他本身就是尼采主义者，"我所做的不仅仅是一份工作"，他告诉我们，他并不打算停下来安享其成，而是要不断攀登。如今，S4资本正在搅动着大型营销服务控股公司主导的世界。

20 世纪 70 年代，兰斯·李（Lance Lee）在缅因州的小渔镇罗克波特创立了规模迥异的学徒工场（The Apprenticeshop）。兰斯受到了库尔特·哈恩（Kurt Hahn）的启发，哈恩是个性发展体验式教育的早期倡导者，也是兰斯本人密切参与的冒险训练拓展运动（Outward Bound）的创始人。尽管现在兰斯已经离开了学徒工场，但他仍然是罗克波特社区的重要人物。学徒工场教来自各行各业和不同地域的人如何建造木船，并提供了学习社区，使他们的技能能达到一定的水平。这些船都是用瓦叠式技术建造的，如果不是兰斯洞察到在设计和建造方面，木材可以最大限度地施展手工工艺，且卓越的工艺价值可以创造经济价值，这些船很可能是用现代材料建造的。兰斯经营业务、教授技能，对他这份处在偏远地区的工作充满热情，他的激情和信心感染了他的学生，促使他们掌握材料和基本原理的应用。同时，兰斯和他所教出的毕业生对于懈怠与失败的容忍度是零。学徒工场的学生制造的船令新英格兰海岸的富裕水手喜爱不已，兰斯的学生因此都能够过上富足的生活。

我们的朋友和导师，已故的欧洲工商管理学院和伦敦商学院教授舒曼特拉·高沙尔（Sumantra Ghoshal），曾谈到"不同地方的气息"。他回忆春天的时候，会想起欧洲工商管理学院周围枫丹白露的森林，还会想起在令人倍感清新的空气中，他不由自主地在林间小路上慢跑，跳跃着抓住树枝，嘴里唱着歌。他还告诉我们，他每年都会因为家庭原因回到加尔各答市区。8 月的时候，那里的湿度、温度、人群和混乱让他疲惫不堪，一天中的大部分时间他都躺在床上。他在面向一群高管人员的讲座中问道："我们要在组织中创造枫丹白露的森林，还是 8 月的加尔各答市区？"尼采主义者需要春天。舒曼特拉本人就是尼采主义者。如果要选择一位新成员进入部门，无论这个人所受到的训练如何，他的测试标准很统一，就是这个人一定要卓越。

小结
在这一章中，我们为你介绍了两位同样关注人类蓬勃发展的哲学家，但他们主张的是截然不同的观点，对人性化的工作场所也产生了截然不同的影响。你会被哪种观点吸引，是亚里士多德式的冷静理性，还是尼采式的追求卓越的热情？你的工作场所在多大程度上允许你向这两个方向发展？

这些问题引出了一个基本问题：我们的组织能否同时容纳有抱负的尼采主义者和亚里士多德的中庸之道的追随者？我们认为组织必须能够同时容纳这两种人。在组织中，你既需要提供能够施展尼采精神的用以大胆试验和革新的舞台，也需要亚里士多德式的稳定、协调和逐步改善，而非革命性的变化。关键是要避免用一刀切的方法来选择人才、衡量绩效、提供奖励和塑造工作流程，这样我们才能围绕人设计组织，而不是围绕组织来安排人。

问题

1. 你在工作场所中有多大的自由？你能在多大程度上选择从事哪些活动？如果你几乎没有选择任务的自由，那么在应对那些外在限制时，你能发展出多少内在的自由？

2. 你对美好生活的想法从何而来？这些想法在多大程度上来自你自己的判断？

3. 赋予你的组织以目标的"组织理念"是什么？什么是给你的生活和你所关心的人的生活提供目标的"组织理念"？

注释

1. Janis, I L (1971) Groupthink, *Psychology Today*, 5 (6), pp. 43-46; 74-76.

2. Nietzsche, F (1888) *Ecce Homo*, p. 95.

03

第 3 章

人性化战略

战略家的崛起

在上一章中，我们探讨了在组织中蓬勃发展所需要的条件。在亚里士多德看来，蓬勃发展意味着不要成为奴隶或动物，而是要通过发展我们的理性从而成为完整的人。对于尼采而言，蓬勃发展意味着不要成为人群中的愚蠢成员，而应凭借卓越和热情脱颖而出，成为他所谓的"更高级的人"。以上两种通往蓬勃发展的道路，都可使我们摆脱卡尔·马克思所谴责的那种异化状态（正如在本书开头所看到的），也可让我们进一步对人性化的工作场所有所思考。

以上两个不同派别的哲学家的观点表明：通往蓬勃发展的道路不止一条。这对于我们组织中的被领导者和领导者而言都具有至关重要的意义。作为被领导者，我们需要了解并检验有哪些可供选择的道路可以使我们自己蓬勃发展。作为领导者，我们需要确保这些道路是畅通的。在人性化的工作场所中，领导者在根本上是被领导者蓬勃发展的守护者。

但是，在通常情况下，组织中的领导者拥有更多的当务之急，他们要为组织的当期绩效和长期战略方向负责。在本章中，我们将重点介绍战略。战略是否会有助于或会阻碍工作场所的人性化发展？从帮助员工蓬勃发展的意义上讲，哲学可以帮助领导者改善战略吗？

战略家已成为当代组织的"大祭司"。在享誉全球的顶尖商学院里，战略系的教授通常都是杰出的教员。他们不仅拥有权威地位，而且只要在富丽堂皇的五星级酒店举行的管理会议上发表简短的主题演讲，就能收获丰厚的酬金，这着实羡煞旁人。

> 在公司和政府部门内部，战略或政策团队具有巨大的影响力，通常被视为培养下一代人才并使其青云直上的摇篮。

在管理咨询的世界里，那些自称战略家的人披着神秘的外衣，拿着最高的日薪，声称自己是客户最高管理层的"可信赖的顾问"。

几年前，我们得知，一家大型审计公司收购了一家战略咨询公司，并试图将其整合。审计公司计划利用那些"可信赖的顾问"的关系网络，对公司的日常流程进行改进以拓展业务，很可惜的是这项计划没有成功。被收购的战略咨询公司同意将战略顾问与审计师安置在同一栋办公楼中以促进交叉销售。后来，他们的确搬进了同一栋办公楼，但是待在不同的工作区域——根据战略咨询公司的意见。在他们刚搬进去时，有人在两个工作区域之间增加了一道连通门。很快，门被锁住了，钥匙也丢失了。在门的一侧，用代币支付的棕褐色的微热茶水从自动售货机中缓缓流出；在门的另一侧，被雇来的咖啡师可以制作出完美的卡布奇诺，还有无限供应的提升大脑功能的高端能量饮料。你立刻就能猜出战略顾问们坐在门的哪一侧。

本书的一位合著者曾向其他人坦言，他年轻时受雇于一家头部战略咨询公司。他接手的第一个项目是为一家全球铝业公司提供有关新轧钢厂的战略建议。那时，他刚在一所著名的商学院攻读完两年的 MBA 课程。他的团队夜以继日地工作了一个月，在幻灯片上列明了巧妙的经济分析。在向铝业公司董事会做展示的那天（该公司董事会成员的平均年龄大约是他的团队成员的两倍），这个年轻的团队让董事会大为赞叹，当屏幕上出现一个里面满是圆圈和箭头的特别引人注目的二乘二矩阵时，董事会成员几乎要起立鼓掌了。但是，站在房间最后面的本书的合著者意识到，那些中层管理者似乎并没有欣喜若狂。在茶歇时间，其中一位中层管理者找到了这位合著者。"我知道，"中层管理者非常平静地说，"你对铝轧制一无所知。"听到这句话，当时还很年轻的合著者甚至感到地板在他脚下消失了。但是，这位经验丰富的冶金专家和工程师，把一只手稳稳地放在该合著者的肩膀上：

"别担心。"他轻声继续说，这样就不会有人偷听到："我会教你。我的上司显然喜欢你的想法。他们会听你的，而不是我的，但我至少可以确保你的想法与现实有某种联系，你也可以确保我的项目不会迷失方向。"

战略与不人性化

尽管相关费用高、地位高、充满神秘感，但战略和战略家的名声好坏参半。

当新战略以连篇累牍的幻灯片形式展示出来时，组织中那些需要接受并实施这些新战略的人通常会抱怨不止。比如，我们遇到了一位中层经理，她在公司的年度战略会议上组织了流行词宾果游戏，以此来缓解单调乏味的会场氛围。

她偷偷递给同事们方格表，表中的每个方格里都有一个战略流行词，如"核心竞争力""协同效应"。当演讲者演讲的时候，时不时会有一位听众说"宾果"，演讲者会因此受宠若惊，以为自己所说的这一点切中要害了，但这仅仅意味着有人完成了一行或一列的填写。"我知道这很幼稚，"她告诉我们，"但会议使我们都觉得自己进入了一个虚构的世界。"

虽然战略会议不讨喜，但每个人都希望具有"战略性"。我们听说过战略采购、战略销售、战略设施管理，还听说过人力资源战略、战略信息系统以及执行起来没完没了的战略计划。这就引出了一个问题："战略"到底意味着什么？推论是，它一定意味着一些非常重要的东西，大概指向我们希望我们的同事和高层管理人员认识到的有价值且有趣的想法。然而，正如我们在关于铝业公司的小故事中看到的，我们中的许多人都会怀疑这种想法和现实之间的联系性。

战略应当是简单易懂的。好的战略应描述我们想要做成什么样以及我们如何达成目标。战略可以应用于生活的任何层面，从大公司的事务到个人的发展。如此看来，还有什么能比制定战略更简单呢？然而，当我们开始更加深入地挖掘目的和手段（想要做成什么样和如何达成目标）时，制定战略的复杂性就随之而来了。

> 我们不可避免地会对给定目的的可取性和给定手段的可行性做出假设。正是在这一点上，我们看到了当今组织普遍采用的战略的一个根本问题：战略的主导思想和假设是令人信服的，但同时战略经常严重地去人性化并且脱离人类现实。

我们将在本章的后续部分探索为什么会出现这种问题，并通过介绍另一位比亚里士多德更早出现在人类历史上的哲学家的见解来揭示我们如何才能消除这种问题带来的悲观情绪。

想想你自己的组织。你们的战略目标是什么？如果你们的目标不是追求成功，我们会感到很惊讶。那么，是什么让成功成为可能呢？我们看到，企业界存在着一种主流的假设，这种假设在公共部门乃至慈善机构和社会企业中也广泛存在。这种假设说的是，成功与否取决于是否拥有可持续的竞争优势；只要有竞争，就会有赢家和输家，而好的战略会带来永久的胜利。这就是英语中"战略"（strategy）这个词的来源：在古希腊语中，"strategos"的意思是军事指挥官，其职责是镇压反对派。"我们应该寻求可持续的竞争优势，这样才能取得成功"这一观念已经变得无处不在，就像一句组织口号（organization mantra）一样。"mantra"一词在梵语中的原意是一种咒语，这种咒语会以一种剥夺我们人性的方式让我们着迷。

问题不在于竞争，而在于我们如何利用竞争。

你的战略是从别人那里攫取价值，还是创造价值

竞争本身就是一场竞赛，通过在各行各业的竞争，我们变得更强大也更聪明，因为在此过程中，我们向最优秀的人学习，并不断寻求超越最优秀的人。但问题在于，为了拥有可持续的竞争优势，我们不得不面对这样的挑战——与世界对抗，只有这样我们才能求得那种无懈可击的地位。几十年来，无数的经理人接触到了微观经济学的概念，哈佛大学著

名教授迈克尔·波特进一步传播了这些概念。微观经济学的概念告诉我们，只要处于无懈可击的优势地位，我们就会拥有强大的议价能力，[1]即有能力压低供应商的要价，并提高我们向客户收取的费用，因为供应商和客户没有其他更好的选择。拥有无懈可击的优势地位意味着，我们有能力压制竞争对手，阻止新的进入者或替代品进入我们所控制的市场。这种观点认为，权力越大，我们成功的概率就越大，因为我们有能力从别人那里攫取价值——无论是金钱还是其他类型的资源和机会。然而，讽刺的是，可持续的竞争优势的存在却意味着竞争的反面：创造垄断。

"竞争优势是成功的驱动力"，这种观点实质上蕴含着一种人性观。基于人们是机会主义行为者这一前提，2009 年诺贝尔经济学奖获得者奥利弗·威廉姆森（Oliver Williamson）将"战略行为"描述为"做出虚假威胁和承诺""狡猾地谋取私利"。[2]若果真如此，那么由此得出的结论是，他人会试图在讨价还价的竞争中压制我们，而我们需要好的战略来确保我们自己的力量领先于他们，并尽可能在他们之前达到接近垄断的市场地位。如果世界是一个竞争严酷的地方，那么我们需要一根"大棒"来赶走"捕食者"。所谓的"大棒"就是我们的竞争优势或议价能力。这是一种令人信服的观点，而正是这种观点塑造了我们的战略行为。

那么，这种观点会驱使我们走向何处呢？

> 今天，我们看到科技世界的竞争正在减弱，因为主要参与者巩固了他们的竞争优势，创造了寡头垄断，而这些寡头对我们的生活以及我们的口袋所拥有的不受约束的权力正备受质疑。

在墨西哥贩毒卡特尔集团或者某些政府的窃盗统治[⊖]中，我们可以找到"战略行为"和"竞争优势"的最极端的例子。有些人可能会说，那些拥有竞争优势的机构，可以利用它们的力量，为员工提供更好的保障、更有利于工作的环境，同时赚取更多的钱。在稳定的环境中，这可能是正确的：从历史上看，联合利华和宝洁或 SAP 和甲骨文这样的公司各自划分市场，在没有明显的变化和波动的条件下，员工福利都很好（不一定适用于行业或供应链中的所有人）。但在创新受到影响的情况下，在很大程度上，对更大议价能力的争夺导致了"以邻为壑"的战略的诞生，在这种战略下，每个人最终都是输家。我们的一位合著者在阿根廷管理着一家家庭农业公司，他被招入了一个大型国家农业协会，该协会试图促进土地所有者、佃农、承包商、运输商、动物饲料公司、家禽生产商和分销商之间的协调和合作。这个农业协会所涉及的主体贯穿我们通常所说的"价值链"（换言

　　⊖　统治者利用政治权力增加私产。——译者注

之，原材料成为最终产品所需要通过的步骤或环节）。但是协调与合作一直难以成形，浪费和拖延使这个本该是世界上生产率最高的行业之一的协会陷入瘫痪。我们的合著者问道：为什么会这样呢？所有参与者坦率地回答道：我们不信任彼此。每个人都担心对方会抢占先机，讨价还价。

当代战略背后的这种根本理念非常普遍，以至于我们的学生发现，即使知道这种理念的不良后果，人们也无法摆脱。我们一直在开设一门关于气候变化和环境可持续发展战略的课程，这门课程通常会吸引那些相比于 MBA 课程学员而言更有爱心、不那么冷酷无情的学生。学习这门课程的学生认为，如果要解决人类目前面临的重大生存威胁，协调与合作至关重要。尽管如此，他们的行为方式还是出人意料。我们邀请他们参加经典的商业模拟项目游戏——渔业公司，对他们进行测试。在游戏中，学生们被分为了几个小组，每个小组都需要经营一家专门的名义上的渔业公司，其成员可以决定购买、建造和派遣多少艘船出海。很快大家就会发现，最大的渔业公司赚到了更多的钱，随之而来的就是一场争夺主导权的竞争。这场游戏很快就变得喧闹而刺激，我们通常会通过拍卖额外的船只来加快游戏节奏，并且一定会解释这些船只之所以能在拍卖会上出售，是因为世界上某个地方的一家渔业公司破产了。这其实强烈地暗示了即将发生的事情，即很快将有某一组的渔业公司破产。尽管如此，拍卖很快就会演变成狂热的竞争。结果如何？你应该猜到了。参与者们毁掉了渔业。通常，有的学生会在游戏开始时站出来，指出游戏中会有一些不可避免的情况，恳求大家提出一个共同认可的解决方案，而不是每个小组都寻求独立获取价值。在通常情况下，一些（但不是所有）小组会试图分享信息和制定共同战略，但事实证明，那些藐视集体努力的人会立即赚到更多的钱。随后，其他人也会分道扬镳，最后整个行业会走向崩溃，这就是"公地悲剧"的典型例证。每个人都依赖共享资源，但保护和投资这些共享资源不符合任何人的个人利益。

具有讽刺意味的是，正如我们所展示的，如果协调与合作有效，那么即使是目前最成功的集团（根据积累的财富来定义成功）也可以取得更好的成就。那么，到底是什么阻碍了协调与合作呢？学生通过反思意识到，正是自己对成功的深层假设以及由这种假设驱动的行为阻碍了协调与合作。彼得·圣吉（Peter Senge）描述了信念与系统行为之间的联系，他以一种特别有启发性且有趣的方式将许多相关的假设带入了生活中，借鉴他的方式，可以让我们的学生产生共鸣。例如，一个假设是"我们的行动不会影响未来，鱼永远都会有的"，另一个是"你必须赢，就这么简单"。又如，"事情就是这样，我们无能为力""如果别人这样做了，我不去做就是愚蠢的""我的首要责任是对家庭的责任""有人会处理它的"。我们几个人最喜欢的是："这只是一场游戏。"贯穿这些只言片语的就是圣吉所说的"泰坦尼克综合征"："如果注定要沉没，我们还不如上头等舱。"[3]

来自佛陀的战略建议

在本节的讨论中，我们将诉诸历史上最早出现的哲学家之一——佛陀（释迦牟尼）。佛陀在被卡尔·雅斯贝尔斯（Karl Jaspers）称为"轴心时代"（约公元前 8 世纪至公元前 3 世纪）的时代讲学。轴心时代见证了那些影响至今的文化和思想的爆炸式发展，它是柏拉图、苏格拉底和亚里士多德的时代，在更远的东方则是佛陀和孔子的时代。在轴心时代，思想伴随着商人和士兵的活动一同传播。亚历山大大帝入侵现在的阿富汗之后雕刻的佛像头像看起来非常类似希腊的阿波罗雕像头像。

佛教在西方正变得越来越流行，在印度和中国正在复兴。但是，你可能会问，佛陀有什么关于组织战略的思想可以教给我们呢？毕竟，他放弃了迦毗罗卫国（当时印度次大陆的一支主要力量）法定继承人的地位，在菩提树下大彻大悟。

佛陀的教义绝不仅是传授给一群静静打坐的僧侣。在佛陀极其活跃的一生中，他徒步往返于现今的印度北部，为人们如何生活在广大的人类世界中提供了指导。当时（乃至今天），他的追随者包括过着普通生活的人，也包括国王、商人和强盗。可以说，他为他的信众提供了一种"战略"。

请记住：好的战略描述了我们想要做成什么样，以及我们如何达成目标。佛陀的"战略"非常简单，他看到痛苦是生活中挥之不去的东西，人类的一个基本愿望就是摆脱痛苦。他提出了关于痛苦来源的判断，以及通向自由的道路。佛陀所说的痛苦，不仅仅指身体上的痛苦，还指失去我们生命中想要拥有的东西和人的痛苦，没有得到我们想要的东西的挫折感，甚至是未能发挥我们的潜能的那种感觉。或许他会在卡尔·马克思对异化和不人性化的工作场所的描述中识别到痛苦。佛陀教导说，要驱逐痛苦，我们必须找到它的根源，把它挖出来。痛苦来自对我们是谁的恐惧、贪婪和错觉。佛陀所说的"错觉"指的是人们倾向于活得好像他们自己和每个人以及其他一切都是分离的，并且认为他们自己是谁这件事是固定不变的。

随着我们的视角跨越两千余年的历史到今天，我们看到了隐藏在日常实践中的组织战略背后的假设。正如我们前面引用的奥利弗·威廉姆森的描述，认为自己相对于他人而言是独立的且有固定的身份，很快就会导致一种"与世界对抗"的被围困心态，在这种心态下，我们会将他人的行为解读为"狡诈的自我寻利"。在这种被围困心态下，无论是在个人层面还是集体层面，痛苦的经历将导致我们在恶性循环中强化这种心态。在我们周围投机取巧的人或更大规模的竞争力量的"围攻"下，我们将寻求通过构建竞争优势来保护自己。

佛陀推荐了一种生活方式和修行方式（包括冥想），它可以纾解导致痛苦的被围困心态。把我们自己的生活看作是与他人相互依存的，会削弱我们"与世界对抗"的意识。接受"我们的身份是不断变化的"这一事实，意味着周边环境的变化不会被我们当作一种冒犯；意味着我们会用一种格局更大的与他人相联系的观点取代狭隘、扭曲的自我观。后世的佛教作家通过"因陀罗网"的隐喻描绘了通过佛陀的眼睛所看到的宇宙。[4] 因陀罗是一位传统的印度教神明，他手中的网是一张无穷无尽的珠宝网。（作为无神论者，佛陀认为，在流行的宇宙论中可能存在许多神，但这些神其实只是凡人，他并不认为真的存在不死之神因陀罗。）因陀罗网的独特之处在于，在这张网里，你可以看到每一颗宝石的倒影。

在行动中建立联系的哲学

通过将来自佛陀的战略建议纳入企业和其他组织的战略，企业的目标将不再是通过市场支配来获取价值，而是通过协作来创造价值。人类面临的挑战是任何一个组织都无法独自应对的，如果"以邻为壑"的做法盛行，这些挑战将永远无法得到解决。

以阿根廷葡萄酒为例，在过去的 15 年中，它们口碑极佳。阿根廷主要的葡萄酒出口地区是门多萨，那里的葡萄园坐落于安第斯山山麓。然而，20 年前，阿根廷葡萄酒的质量是很糟糕的。酿酒商勒索葡萄种植者，经销商又从酿酒商身上榨取价值。付款条款和合同在当时毫无意义，人们也没有投资改善葡萄藤的动力。卡车司机工会坚持卡车只能向一个方向运送货物，以抬高运费。腐败的官员在商品装上集装箱之前索要贿赂，导致出口放缓。每个生产者都自力更生，挣扎求生。但是，后来出现了阿根廷人所说的"马尔贝克奇迹"。这个"奇迹"背后的目标是将当地的马尔贝克葡萄打造成"全球品牌"，使该行业的所有利益相关者受益。实现这一雄心的方法是协作。经销商集体同意了一项经过严格审查的行为守则，以消除腐败和掠夺性行为；地方政府将种植者的成功视为改善税基的关键；阿根廷及其他地区的大学提供了丰富的知识；葡萄酒产业相关部门共同资助了一项全球营销活动，使"马尔贝克"这个品种的葡萄在大多数消费者的心目中优于任何个体种植者所培育的品种。

应该有许多读者了解一个类似的案例：ARM。ARM 是英国技术成功的典范，它是一家不生产芯片的半导体公司。它为软件开发人员、工程师、芯片制造商和像苹果公司这样的原始设备制造商组成的庞大生态系统提供设计及工具。苹果公司可能会利用其议价能力压低价格以获得短期优势，但这种情况不会发生，因为这种行为对整个产业生态系统造成的损害将破坏苹果公司本身所依赖的价值。相反地，ARM架构师拥有独家受权的对苹果公司机密的访问权，这使其可以一个接一个地为苹果公司设计芯片。在 ARM 所在的生态系统中，以及在马尔贝克葡萄种植区，协作并没有使竞争停止，反而为竞争创造了一种富有成效的环境。所有人都在迎头向上，追求卓越，目的是在竞争时提升自己的表现。相比之下，争夺"竞争优势"就像意图抢占先机，破坏了比赛的重点。

是什么使马尔贝克奇迹和 ARM 所在的生态系统成为可能？是什么支撑着其他卓越的合作企业，面对例如针对艾滋病疫苗的研究，抑或是面对全球金融体系的挑战？答案在于人们愿意打破"与世界对抗"的心态来分享知识，不仅包括以技术蓝图为形式的知识，还包括对他人如何看待事物、感受和生活的认知和理解，这需要深切的同理心。这也是佛陀在他教诲中所主张的行为与结果。

在不确定的时期，保持同理心是我们获得理解模棱两可的境况的能力的核心，这是一项至关重要的战略技巧。

以 1962 年 10 月的古巴导弹危机为例，这是人类历史上最危险的时刻之一。当为年轻的约翰·F. 肯尼迪准备空袭方案时，安全顾问们的谈话都是关于"苏联人"，以及"苏联人"是如何只懂得使用"武力"和"行动"等的。但是，没有一个在场的安全顾问曾经见过苏联人。"苏联人"只是抽象的概念，而不是真正的有血有肉的进行决策的人。对我们来说，幸运的是（空袭和导弹在古巴的着陆可能会引发一场核战争），一个见过苏联人的人参与了正在发酵的事态。这个人就是汤米·汤普森（Tommy Thompson），他私下认识当时的苏联领导人尼基塔·赫鲁晓夫（Nikita Khrushchev）。他知道发动战争是赫鲁晓夫最不想做的事。那时第二次世界大战（苏联人所说的卫国战争）才刚刚过去十余年，赫鲁晓夫本人还在斯大林格勒⊖担任过前线指挥官，对于赫鲁晓夫而言，3000 万人的死亡已经足够了，不能再有更多人付出生命了。

汤普森知道赫鲁晓夫依赖同僚的共识进行决策，并且不愿意丢面子。这些基于同理心的洞察，将人类从对抗心态中拉了出来，并让我们所有人都幸免于难。2008 年金融危机后不久，本书的两位合著者受邀在一家大型全球银行的管理层会议上就恢复银行业的职业价值观发表演讲。遗憾的是，

⊖　现伏尔加格勒。——译者注

我们的演讲进行得并不顺利。零售业的负责人（比我们任何一位合著者都更有感染力）在我们之前跳上了舞台，"伙计们！"他喊道，"你们未来一年的工作就是渗透客户。我们必须利用客户。我希望你们能把从客户钱包里找到的每一分钱都拿出来，贡献给银行的利润！"相比之下，我们对远大理想的号召反响平平。但是，我们谈论的不应是理想，而应是更贴近现实世界的关切。前面这个零售业的负责人的演讲只指出了一些抽象的东西，就好像他从未见过真正的客户一样。在高度不确定的时期（无论是过去还是将来），唤醒对客户及其恐惧、希望和挫败感的同理心才是创造价值的途径。

与其谈及被称为"客户"的抽象实体，不如简单地以人为中心，这就要求我们从狭隘的自我观转向佛陀所推崇的更广泛、更广阔的自我观。

在前面，我们简要介绍了佛陀及其教诲，尝试探究我们从整日坐在树下沉思的人那里可以学到什么战略。现在我们迅速离开冥想凳，去探索佛陀关于在日常生活中避免痛苦的道德教义，以发展出一种更广阔、更富有创造力、相互联系更紧密的自我意识。尽管看起来可能很奇怪，但佛陀关于冥想的教义可以为各个层次的战略家提供很多帮助。一种经典的冥想练习有助于培养良善，这种练习就像一种有效的解毒剂，可以消除恐惧和贪婪。这种冥想练习并不会引导我们强迫自己感受善意。相反，我们会认识到，在任何给定的时间，我们的内心都可能有许多不同的情绪。通过更多地关注当我们想起一位密友或美丽的日落时可能会产生的积极感觉，我们可以从冥想练习本身，以及在与世界的互动中，开始改变我们的情感观念。这是我们任何人在与同事讨论组织的战略预期和挑战之前，可以花几分钟尝试的练习。此外，我们可能需要反思一下我们的战略中有哪些要素是由集体恐惧驱动的。面对对手，我们到底需要在多大程度上捍卫我们的市场地位？我们到底需要从供应商和经销商那里获得多少利润？让我们的战略受到"与世界对抗"心态背后的那些被盲目接受的假设的驱动，会带来什么样的后果？我们是否错过了与他人建立联系的创造性机会，甚至以牺牲某些议价能力为代价？这并不是一种让人变得天真的规劝——世界确实是一个危险的地方，我们有时必须拿起"大棒"。但是，当对人性的负面假设始终处于战略的核心时，战略将变得尤为危险，甚至会超出其原本应该影响的范畴。

从目标到路径

我们在本章一开始就展示了战略、战略家和战略领导者是如何在组织中占据中心地位的。在对战略的迷思和略有偏见的经验背后，我们看到了战略对组织生活的核心重要性。

简而言之，战略是关于目的和手段的：我们渴望的目标和实现目标的途径。我们深入研究了目标，还研究了我们对成功的理解是如何驱使我们去把握竞争优势的，而这最终会导致我们在"与世界对抗"的心态的支撑下，缺乏获取价值的实践。我们看到了两千余年前的佛陀是如何将这种心态视为痛苦的主要来源的，并且获得了一个好消息，那就是我们可以扭转这种心态，从而可以为我们的战略打开合作以及用同理心创造价值的大门。观念很重要，无论是获得诺贝尔奖的经济学家的观念还是佛陀的观念——他们关于"人是什么"的基本假设将塑造人类的行为。那些由不良的战略思想所导致的存在于我们的组织中的不人性化的地方，可以通过那些有益的见解变得更加人性化。

到目前为止，我们只谈到了目标，也就是从战略方面试图回答"想要做成什么样？"这一问题。但对于那些负责实施战略的人而非制定战略的人（包括所有组织中的绝大多数人）来说，最紧迫的问题是"如何达成目标？"。

那些处于组织顶层的人通常会说，答案在于提出一个合理的计划。通过从一个明确的目标来倒推，中层管理者将逐步制定一系列的步骤，并不断推进。早期的步骤将很快转化为预算承诺和 KPI；较为长期的步骤将简化为任务陈述。之所以会这样，是因为战略制定者潜在的自负，即自认既可以知道未来，也可以掌握它。这一直是一种可疑的说辞，而在当今不确定的环境下，这显然是荒谬的。有证据表明组织周围的世界正在发生变化，那种不随外部世界的变化而灵活调整的僵化计划只会导致不断升级加码的预算承诺，并且最终会导致灾难的发生。

> 佛陀会告诉我们，我们不能预测和控制事件；试图成为宇宙的主人充其量只会让我们焦虑。但是，我们可以选择如何应对事件。

在个人生活的背景下，我们可以带着恐惧和怨恨来应对命运的不利打击，例如失去工作或亲人、邻居纠纷、投资失败。或者，我们可以反思自己的应对方式，并且在不否认事实真相的情况下，考虑我们能否在这些事件中找到意义，从而提升我们创造性生活的能力。当幸运之神微笑时也是如此：我们是会不由自主地狂欢庆祝，还是会避免当下的激动反应，转而去探索我们可以从胜利中学到什么？在传统的佛教冥想练习中，冥想者们寻到了感知各种精神状态（思想和感觉）的艺术，这些精神状态可以像飘浮在天空的云一样自由地穿过大脑。与其陷入沉思不能自拔，作为冥想者，我们可以学会选择让这些云中的哪一朵成长，及时培养改变我们思想内容的能力。这种关于冥想的传统佛教观念的力量，远远超越了现在人力资源部门为了帮助员工纾解压力和异化感而提供的越来越多的正念培训。

应该如何将佛陀的观点与我们执行战略的方式建立类比呢？正如我们早先在设定战略目标时发现的关于攫取价值和创造价值的二分法一样，在战略执行过程中，也有深思熟虑的战略和应急战略。深思熟虑的战略包含在宏观的总体计划中，而应急战略最初是由管理思想家亨利·明茨伯格（Henry Mintzberg）创造的一个名词。应急战略背后的思想是：计划可能会产生误导，良好的战略执行力是对我们无法控制的事件的一系列反应，且随着世界的变化，这些无法控制的事件将不断涌现。应急战略的执行不是线性过程，而是学习循环。以佛教的冥想练习作为类比，我们会避免立即采取行动，而是尽一切努力先了解我们的处境，然后做出选择并根据选择采取行动，最后确保我们通过找出错误之处和正确之处的意义来完成闭环。同样地，对于试图在不确定的世界中蓬勃发展的组织而言，明智的做法是建立自己的战略学习循环，其背后隐含的是佛陀思想中核心的人性化价值。

小结　在本章中，我们将重点放在"战略"上，以指导我们工作和领导的组织的发展方向。通过哲学的视角，我们看到了传统的战略范式如何嵌入有关人性的观点，这种战略范式不可避免地会导致工作场所的去人性化，以及一种使我们"与世界对抗"的观念和偏见。我们看到，为了应对传统的对抗性战略背后关于人性的悲观假设，我们需要更加强调协作创造价值，而不是一心只顾着攫取价值。继而，协作的价值创造取决于一种相互依存的哲学观点，而这一观点来自佛陀。

除了佛陀的哲学思想，佛陀对反思性冥想的实践指导能够使我们建立并保持一种创造性的而非机械简单的反应性思维。这可为良好的战略决策过程提供强有力的指导性类比——在战略决策过程中，我们应当在执行中进行反思和学习，以避免对事件做出机械简单的反应。

问题

1. 你的组织是以攫取价值为战略导向，还是以为周围的利益相关者创造价值为战略导向？

2. 你的战略以哪些方式开启了与他人协作的道路，并解决了协作的障碍？

3. 你执行战略的方式采用了学习循环而不是线性过程吗？

注释

1. Porter, M E (1980) *Competitive Strategy: Techniques for analyzing industries and competitors*, Free Press, New York.

2. Williamson, O E (1979) Transaction-cost economics:

the governance of contractual relations, *The Journal of Law & Economics*, 22 (2), pp. 233-61.

3. Smith, B, Kruschwitz, N and Senge, P (2008) *The Necessary Revolution: How individuals and organizations are working together to create a sustainable world*, Nicholas Brealey Publishing.

4. Fox, A (April 2013) Indra's Net metaphor cited in The practice of Huayan Buddhism, presentation to Inaugural Symposium on Chinese Buddhism, Fo Guang University, Kaohsiung.

04

第 4 章

创造性思维和批判性思维

敢于独立思考。

——康德

在上一章中，我们将战略定义为对"想要做成什么样？"与"如何达成目标？"这两个问题的双重回答。我们区分了创造价值的战略（这种战略增加了世界财富和福祉的总和）和那些仅仅通过简单地在同一市场中竞争的供应商之间重新分配财富来攫取价值的战略。创造价值的意义，远远超越了竞争市场中的零和博弈。我们研究了一个创造价值的实例——马尔贝克葡萄酒在全球市场取得了成功。在该案例中，阿根廷葡萄酒供应链上的成员选择打破以牙还牙、针锋相对的竞争格局，转而合作创造更具价值的东西。

在本章中，我们将识别成功创造了卓越价值的战略的决定性特征，我们将找出各种各样的竞争者的信仰体系之间的差异。公司绩效是对事实的回报，而不是对努力、路线和意向的回报。我们认为，经济价值的创造源于知己知彼，了解那些竞争对手不知道的信息，尤其是以客户、员工和股东的选择行为为基础的竞争市场的隐含信息。

将自己置身于管理团队的角色，我们就会意识到，战略计划的任务与其说是猜测我们付出的努力会得到何种成果，不如说是举行讨论，并且围绕能够决定成败的假设进行辩论。最终的业绩往往不会达到我们的目标和期许的理想水平，事实上，其取决于我们的信念和假设的事实准确性。因此，关于战略的辩论应当是关于我们信念体系的真实性的辩论，而非关于我们的目标的可实现性的辩论。实际上，最终的盈亏情况和业绩指标能否领先将取决于企业相对于竞争对手的学习速度。

一个组织的核心竞争力的最好体现在于其发现新知识的速度，能否形成较好的竞争力取决于企业能否提出有力的问题，形成假设性答案，进行决定性试验，以及在实践中完善理论。将理性视为创造性思维和批判性思维的结合的观念，在很大程度上源于卡尔·波普尔的哲学，我们将把他的科学发现的逻辑运用到企业战略的艺术中。在这一分析的基础上，我们将提出，企业中一些最流行的概念和实践实际上更多的是在阻碍战略思维的形成，而非有助于战略思维的形成。这些流行概念包括"最佳实践"以及其公式化的成功秘诀。

我们首先分析一下过去50年中两位最杰出的基金经理人的业绩。在资本市场中，我们可以了解到相对于其他市场更多的创造价值的战略，这是因为资本市场中的行为最接近纯粹的博弈——在资本市场中，战略是唯一的区分点。

从资本市场中学习

由于难以将战略因素孤立出来作为企业成败的解释变量，关于战略的哲学化研究遭遇了挫折。当然，每一个市场都像在进行一次自然试验，在这次试验中，各种竞争性的想法不断地受到检验，但由于有目的的结构性试验很少，人们很难知道一家非常卓越的企业的成功究竟是该归功于它的战略还是该归功于其他一些非战略性因素，例如经营效率、产品质量、经济状况或运气。因此，问题在于：有没有接近实验室条件的市场，可以用来检验战略本身就是企业成功的原因？

我们能够从成功的基金经理人那里学到的企业战略比任何人都要多，因为他们在最有效率的市场中超越了他们的竞争对手。

我们认为，资本市场正是这样的市场。首先，它是明显有效率的市场，在这个市场中，高于整体市场水平的可持续回报已被证明是罕见的。如果我们找到一个能够一直战胜这个最有效率的市场的投资者，那么我们就更有可能接近发现一套有助于提高业绩的思维技术，并且将其引入较低效率的市场中，例如客户市场或人才市场。

其次，资本市场能够最大限度地接近纯粹的博弈，这是因为几乎所有的决策都是由玩家做出的，而且这些决策在本质上都是竞争性的，都是很典型的战略性决策。此外，游戏规则以及获胜的收益都是明确的。赢家就是指那些所掌握的资本取得最高回报率的人。

再次，在资本市场中，战略行动本身可以得到非常简单的描述。这些战略行动就是在各种离散的时刻买进或卖出各种金融工具。基金经理人的战略绩效是很容易被衡量的，因为绩效是由所参与的竞争市场不断进行公开定价而决定的。这使得战略和绩效之间能够建立一种相比于非资本市场更加清晰、简单的用于分析的联系。

最后，非战略因素对于绩效的影响是微不足道的。在资本市场中，进入或退出的障碍几乎没有，规模优势几乎不存在，执行的技能几乎没有发挥作用，操作起到的作用也只是次要的。除此之外，领导力、团队合作、情商、信任等素质以及其他人际关系方面的技能，在投资业务中的作用也是微不足道的。运气最多也只有短期效应。综上所述，除了战略技能之外，没有其他因素可以解释绩效的差异。

因此，当在消息传递灵通、透明、公平和开放的市场中发现持续的高水平绩效时，我们事实上看到的是一些特殊的、极具启发性的东西——了解战略技能基本属性的窗口。

彼得·林奇和信息不对称

彼得·林奇（Peter Lynch）在富达麦哲伦基金（Fidelity Magellan Fund）最辉煌的时期管理着该基金，这也许是 20 世纪最成功的也是最大的共同基金。在他 13 年的任期内，从 1977 年到 1990 年，其管理的基金从 1800 万美元增长到 140 亿美元，并获得了 100 多万名股东。

支撑林奇的投资决策的信念体系非常鲜明，也非常具有指导意义。我们大量引用了他的自传《彼得·林奇的成功投资》（*One Up on Wall Street*），这是有史以来关于投资战略的最揭露现实的图书。[1]

> 资本市场是提炼战略精髓的理想试验田。

林奇热衷于与他投资的公司以及基金经理人进行直接的面对面的接触。他每年至少要访问 600 家公司。他几乎不会花时间待在华尔街或其他基金经理人的公司里。他谦虚地表示，"如果其他投资者打了跟我一样多的电话，他们也会发现（那些被投资的）公司气运的变化"，他将此定义为自己的核心技能和首要意图。他的主要假设是，他需要比那些跟他竞争的基金经理人"在智力的食物链上更进一步"。

如果他有座右铭的话，那座右铭就是"先投资后调查"，这其实就是古代的"把握机遇"原则的一个版本。他的技巧就是注意到市场中最微小的机会，并迅速抓住它。他认为研究和分析所造成的延误是致命的。优秀的投资者不能奢望先进行证明，因为总会有更勇敢的人抢占先机。

与他所强调的速度有关的是他天生的乐观主义。他寻找的是买入的理由，而不是不买的理由。他认识到，市场中大多数知识分子身上存在的问题之一，就是他们总是顽固地构想负面结果。这种悲观主义，是他一直以来所认为的，他的那些教育程度较高的对手最大的弱点，而这正是他成功的来源之一。

他认为讨论或制定愿景、目标或指标没有任何好处。他知道，投资的目的是创造财富，任何其他目的都毫无意义。他总觉得围绕目标进行辩论是毫无意义的。他发现，他所获得的最好的结果来自一连串的惊喜，在没有任何特定长期目标的情况下买入是更有效的。

他把试验的态度带到工作中去，一旦认识到自己犯了错误，就立即卖出股票。"你必须知道自己什么时候错了……然后你就要卖出（股票）。"更重要的是，他承认他买的大部分股票都是错误的。

> 每一个制胜的战略都包含着异端的因素。

他喜欢采取一种不合时宜的方法。事实上，他认为任何形式的正统观念都与基金经理人的工作格格不入。他是一个天生的异端者。他唯一的行事准则似乎是："要想赚钱，你必须找到一些别人不知道的东西，或者做一些别人不愿意做的事情，因为他们有僵化的思维模式。"他觉得自己永远都在向着真理奔跑，因此他强调速度、贴近消息来源、反应力以及凭借自己的洞察力和直觉即时行动的勇气。他知道，任何公共领域的东西——无论是学术理论、新闻报道、谣言、科学知识、计量经济学预测、分析师报告、新闻发布会还是公告，都不可能成为自己竞争优势的基础。这样的信息已经被市场所知，并被人们消化，成为个股。因此，他给自己设定了一个要求更高的角色，那就是探索自己的专有知识——完全基于自己的努力工作和观察技巧的合法的"内幕知识"。

从林奇身上，我们了解到，一项决策要算得上是战略决策，那它就不能以普遍的理论或一般的最佳实践概念为基础，而要以独特的针对具体情况的经验性见解为基础。

沃伦·巴菲特与市场无效率

现在让我们看看另一位基金经理人，沃伦·巴菲特

（Warren Buffett）。他被形容为"现代最引人注目的投资者"。他在 1965 年买下了伯克希尔 – 哈撒韦公司的控制权，作为他的投资工具。从那时起，伯克希尔 – 哈撒韦公司为股东带来的账面价值年均增长 19.0%，而如果投资于标准普尔 500 指数的话，该增长率仅为 9.7%。他的理念和风格非常独特，在很多方面与林奇不同。但是，他们都有一套核心的信念和实践，这体现了战略的概念需要探索的过程。我们将大量引用巴菲特自己的著作，[2] 因为他能够尤为清晰地宣传自己的成功理论。

巴菲特，作为一个非常典型的投资者，一直非常尊重市场这个经济工具，将其作为生产性配置资本的工具，但他从来没有敬畏它。他认识到，人类通过日常的判断、决策和交易不断共同创造的市场，实际上是不可靠的。

用他的话说，有效市场假说（EMH）是一种这样的理论："一个在股票桌上扔飞镖的人，也能够选出一个股票投资组合，这个组合的前景可以和最聪明、最勤奋的证券分析师选出的一样好。"自 20 世纪 70 年代以来，这一理论在大多数商学院的金融系成为神圣而不可侵犯的理论。

当然，巴菲特承认，市场常常是有效率的。他认为有一种观念是有害且错误的，那就是很多金融学教授仍在传授、许多投资专业人士和企业金融家仍在接受的观念，即市场总是有效率的。巴菲特正是利用这一点进行交易，他引用自己几十年来年均超过 20% 的无杠杆收益率的套利记录作为证据，而整个市场的收益率只有不到 10%。

令他感到震惊的是，从来没有任何一个教有效市场假说的教师承认自己错了，他想知道：有什么证据足以让有效市场假说的倡导者承认他们的理论从根本上就是错误的？"不愿意认错，从而无法对神职进行祛魅化的行为，并不限于神学家。"

> 市场是一场思维竞赛。

巴菲特曾说过，令他感到幸运的是，他的很多竞争者的方法是错误的。"在思维竞赛中，无论是桥牌、象棋，还是选股，还有什么能比拥有那些被教导思考是浪费精力的对手更有利呢？"

他一直强调了解自己知识的范围和限度的重要性。他把自己的投资限制在那些他认为自己非常了解的公司。他很赞同 IBM 创始人托马斯·沃森（Thomas Watson）的一句感慨："我不是天才。我只在一些领域很聪明，而我一直置身于这些领域。"

林奇与巴菲特的比较

这两位杰出的战略家的技巧显然存在一些明显的差异。

- 林奇颂扬勤奋工作的美德，巴菲特则欣喜地认为"无所事事对我们来说是明智的选择"。
- 林奇是善于抓住机会的人，巴菲特则是自我克制者和耐心者的典范。
- 林奇每年做出数千项小决策，巴菲特只做出少数几项决策。

但是，二者的理念的相似之处更为明显且具有戏剧性。

- 对自己的第一手观察颇有信心，对自己成功投资的独特模式颇有信心。
- 有对市场上的流言蜚语和情绪免疫的决心。
- 有对待风险的积极态度（巴菲特很适当地将这描述为"在别人恐惧的时候贪婪"）。
- 不设定计划、目标、愿景、里程碑或任何其他形式的固定目标。
- 不相信公开信息、宏观经济指标或通用公式可以作为成功投资的基础。
- 拒绝接受"现代金融理论"的整个学术体系，包括有效市场假说、资本资产定价模型、估计参数、动态对冲和期权理论。
- 认识到试验对于不断学习的根本重要性。
- 喜欢清晰而非精确，喜欢简单而非晦涩。

● 最重要的是，具有强烈的"异端倾向"，依靠批判性思维来挑战各种形式的正统观念、"官方"理论和公认的智慧。

商业中的范畴错误

大多数关于企业绩效的理论都建立在这样的假设上：做某事有"正确法则"。诸如"卓越""胜任力"和"最佳实践"等概念的流行，证明了这样的假设对企业管理者的控制和影响。企业的成功被视为做好了经典的标准所要求的事项的回报。

对于手艺类的技能，如烹饪、陶艺和园艺，这可能是正确的，但对于任何竞争性的活动，如体育赛事、战争或商业活动，则不可能是正确的。在技巧的博弈中，没有一种参与博弈的"正确法则"。博弈的意义在于它考验的是一种特殊的智慧，而不是对一种普遍的理论或获胜的公式的掌握。

国际象棋大师们并不是通过应用"最佳实践"来达到高超水平的，他们是自己的主宰，凭借的是自己摸索出的技巧。

任何一种号称提出了商业成功法则的理论都是骗人的，

最多只能提供一种提示性的方法（或者说是启发式的方法），用于识别富有成效的见解，或者用于设计有利于发现这种见解的条件。所谓的"科学方法"根本就不是一种方法。它只是规定了成为科学命题的标准（如可检验性和可证伪性），并规定了检验这种命题的内容是否为真理的方法（如试验）。但是，探索行为本身仍然无法实现"自动化"。

相信存在某种关于商业成功法则的理论，就是犯了"范畴错误"。20 世纪英国分析哲学家吉尔伯特·赖尔（Gilbert Ryle）创造了这一术语，以识别通常因错误分类感兴趣的对象而产生的错误。[3] 他提供了以下例子：一位到牛津大学的游客在参观学院和图书馆时，问"那么牛津大学在哪里？"，该游客所犯的错误是假定大学属于实体建筑的范畴，而不是机构的范畴。

类似地，将战略视为属于专家的实践（或知识的应用）的范畴而非发现（或知识的探索）的范畴，是非常常见的范畴错误。

资本市场的成功经验

林奇和巴菲特都拥有以下信念。

- 商业成功最好解释为对第一手知识的回报，而不是对标准理论的回报。

- 我们本质上是易错的不可靠的生物。
- 教条式思维是作为战略基础的批判性思维的对立面。
- 发现的试错法——"先投资后调查"效仿的是达尔文进化论的突变和选择逻辑。
- 有时候，我们采取行动并观察发生了什么，比坚持在行动前仔细考虑事情能够更快地获得真相。

> 行动起来，形成新的思维方式。

我们的主张是，上述信念与卡尔·波普尔对科学家如何思考和工作的描述有惊人的相似之处——他将其称为"科学发现的逻辑"。波普尔将他的哲学建立在理性实践的基础上，也就是说，行使我们的批判性和自我批判性能力。

波普尔也许是 20 世纪最有影响力的科学哲学家，他至今仍是极具争议性的人物。他的主要兴趣在于科学知识的增长，划分科学与形而上学或神话命题的标准，社会科学和历史的方法论，以及开放社会的属性。

在下一节中，我们将概述波普尔科学哲学的核心内容，然后说明这些内容如何构成哲学上一致的商业战略理论的基本要素。

波普尔的科学发现的逻辑

摒弃归纳逻辑

波普尔的主要主张是，归纳法——从特定事实推断出一般规律，是错误的。自从 16 世纪弗朗西斯·培根率先尝试编纂科学方法以来，人们一直认为自然科学是归纳科学，科学发现是数据还原过程的结果：在无偏的和反复的观察的基础上，对数据进行收集和分类，从而提出理论和规律并加以论证。当然，这种方法在社会科学领域依然盛行，多元统计分析早已成为标准的研究方法。在今天商业领域的"大数据"和"分析"的潮流中，也能找到这种方法的应用。

但事实上不存在归纳，因为普遍性的理论是不能基于单一事实推导出来的。举个著名的例子，在"所有的天鹅都是白色的"这个理论中，无论观察到多少只天鹅是白色的，这个理论都无法被证明，因为只要观察到一只黑天鹅，就可以证伪这个理论。相反，反驳可以基于单一事实得到确证。科学是通过演绎证伪而非归纳验证的过程来推进的。换句话说，科学的本质是强调证伪而不是证明。

倡导批判理性主义

波普尔抛弃了整个归纳的大厦，转而采用了一种演绎的方法，即试错，也就是他称为"批判理性主义"的方法。

所有的生活都是在解决问题。

——卡尔·波普尔

科学推理的起点和终点是共同的问题情境，包括大量需要继承的背景理论。我们为解决问题而发明的理论是猜想，完全是我们自己创造的。它们可能不过是胡乱的猜测。按照康德的说法，"我们的思维并不是从自然界中推导出它的法则，而是把法则强加给自然界"。通过跳出我们的理论而不是推导出这些理论，我们构建了一个想象的世界——一个为了解释现实世界而推理出来的论证思想体系。我们所描述的知识，只要不能被证伪，就完全是假设性的。波普尔将这些理论描述为"我们试图抓住现实世界的网"。

承认易错性

波普尔对传统的观念提出了挑战，即我们的行为要理性就必须忠于我们的信念。他否认信念可以是理性的。事实上，他认为，理性意味着需要对我们自己的信念采取一种永久怀疑的态度。理性与人类的易错性密切相关。承认我们信念体系的脆弱性，我们就会变得理性。简而言之，理性就是批判，就是把我们所有的批判能力都用在任何自以为是地解决重要问题的方法上。理性关注当前的科学状况以及正在进行的科学辩论，但并不因此而畏惧。

波普尔的企业战略理论：浓缩为四条格言

1. 战略体现了行动中的批判理性主义

有效的战略思维效仿科学发现的逻辑。制定战略不应该像人们常说的那样，坚持通过归纳过程来获得想法，从无偏的观察、数据收集和统计分析开始，然后得出发现和结论。相反，它应该模仿波普尔所定义的科学的批判方法。

> 真正重要的目的是：提出问题；试探性地提出解决这些问题的理论；对相互竞争的理论进行批判性讨论……真理是理论批判的主要支配原则。

通用的理论往往是最无益于竞争性战略的起点（例如，"永远不要发动价格战""成本领先者总是赢家""股票市场严重低估大型企业集团"），"宏观图景"（例如，未来的经济状况、潜在市场的规模、行业中的新兴力量）也是无用的。获利的战略很少建立在已经处于公共领域的知识上。企业并不是靠与竞争对手相同的信念来赚钱的，只能靠使自己与众不同的信念来赚钱。

2. 制定战略是一种发现的形式

匈牙利生物化学家阿尔伯特·森特-哲尔吉曾提出，

"发现就是看到大家都看到的东西，思考大家都没有想到的东西"。[4] 每个创造财富的想法都始于大胆的猜想。经济学家马克·卡森（Mark Casson）认为：

> 创业者相信自己是对的，而其他人都是错的。因此，创业的本质就是与众不同——因为对形势有不同的认识而与众不同。正因为如此，企业家才显得如此重要。如果没有他们的存在，事情可能发展得很不一样。[5]

战略每次都只处理一种情况。制定者从该情况的独特之处找到灵感。战略性解决方案不能一概而论。它们建立在洞察力的基础上，而不是建立在某种规则或原则的基础上。洞察力是"小规模"的，往往是短暂的发现。战略性解决方案意味着有些曾经没有被发现的东西被注意到了。

创业，是一种罕见的创造市场的技能，本质上就是产生这样的洞察力，然后凭借勇气和毅力将其打造成企业的技能。每一家伟大企业的诞生都是一种特别强大的洞察力的体现。随着洞察力的枯竭，企业会走向衰落。

3. 战略交易依靠大胆猜测

无论思维过程多么合理，给经理人支付报酬不是为了让他们做出与竞争对手相同的决定。经理人要对未来刻画出与众不同的路径，要冒着犯错的风险，要让自己的想象力自由发挥，从而有机会超越竞争对手。与"常识"恰恰相反的是，我们越是追求推理的逻辑性，越是努力将决策建立在既有知识的基础上，越是贴近通用的战略原则，就越可能将企业推向平庸。

这就是商业既让人沮丧又让人兴奋的原因，也是吸引聪明人投身其中的原因。商业上的成功，有赖于抛开显而易见的战略的智慧和勇气，有赖于看穿标准的解决方案，超越流行的风尚，确立自己的方向。太过具有逻辑性就是选择成为人群中的一员。市场不会奖励从众行为。

运筹学的创始人之一罗素·艾可夫提出：

> 我们做错的事越正确，我们就越错。因此，当我们通过做一件错误的事来纠正错误的时候，我们就会变得更错。做错了正确的事好过做对了错误的事。[6]

4. 战略家应该以实验科学家的身份开展工作

如果说战略过程可以正式化的话，那么，它往往始于一种惊讶，以及一种在开放性思维中油然而生的好奇心。当发现我们所珍视的理论的假设是错误的或者既定的做法出现不足时，就会惊讶。当这种情况发生时，警觉的战略家会认识到，市场正在告诉自己要调整假设，无论这些假设在过去多么值得信赖。换句话说，凡是出乎意料的事情，都值得成为理性的探究过程的源头。

可以说，经理人从他们的假设中得出了可靠的推论，但他们在关注这些假设的真实性时，却表现出较少的纪律性以及较少的理性。换句话说，管理的错误更可能在于错误的信念体系，而不是错误的推理，因此，不断试验具有很大的重要性。

通过总结，我们可以得出下面这样的结论。

- 企业的战略包括一系列问题、预测性理论和积极的试验，即一套论证的结构，概括了企业的运作状态。
- 制定战略就是要有勇气去检验一些大胆而富有想象力的猜想，同时要有谦虚的态度，积极寻找可以驳倒这些猜想的证据。
- 任何决策要算作战略决策就必须体现出企业专有的预测性理论，并且可以通过试验来进行证伪。
- 要使经营具有战略意义，企业就必须成为上述预测性理论不断涌现的试验台。
- 作为战略家，就是要承认自己的易错性，同时不丧失对自己发现问题的能力的信心。

- 衡量战略能力的指标是企业管理战略背后的信念体系之中所包含的真理内容的增长速度。

善意的悖论

政治学家安东尼·金（Anthony King）和艾弗·克鲁（Ivor Crewe）在研究英国政府自苏伊士运河事件以来的政策时，发现了一系列"恐怖故事、人为错误和系统失误"。他们这样定义"失误"[7]——在这种情况下：

> 一个政府为了实现一个或多个目标而采取了特定的行动，但由于其自身的错误，要么完全不能实现这些目标，要么虽然实现了部分或全部目标，但付出的代价完全不相称，要么虽然实现了部分或全部目标，但同时造成了大量的"附带损害"，造成了意想不到或不希望看到的后果。

以下都是他们所发现和阐明的一些失误。

- 政府行为，如 1971 年颁布的《劳资关系法》、1975 年颁布的《社区土地法》、1991 年颁布的《危险犬类法》、1995 年颁布的《儿童抚养法》、2003 年颁布的《许可证法》。

- 倡议，如关于工人合作社、社区关怀、人头税、铁路私有化、超级赌场、住房信息包、反社会行为令、身份证、私人融资倡议、千禧年委员会、个人学习账户、税收抵免、资产回收机构、农村支付机构等的倡议。

- 一次性的决定，如对"蓝色条纹"导弹、协和式飞机和德劳瑞恩汽车的投资，1992 年退出欧洲汇率机制，1997 年对养老基金"突袭"，2007 年取消 10% 的所得税起征税率。

金和克鲁认为，在大多数情况下，补救措施加剧了问题的严重性。当我们极大的努力被证明会适得其反时，我们就会变得越来越困惑，越来越失望，越来越士气低落。

如果把目光从政府的失误转向企业的无能，我们会发现不乏与金和克鲁所指出的几种失误相似的做法。许多企业的做法无异于将类似的失误移植过来。经理人没有专注于为客户所面临的紧迫问题设计更好的解决方案，而是将时间投入官僚主义的仪式之中，忙于如使命宣言、平衡计分卡、三重底线、企业风险登记册、社会责任审计、利益相关者章程，相关举措看似专业且意味着进步，却会在适得其反的活动中耗费大量的管理时间。战略学教授加里·哈默（Gary Hamel）评估美国经济中"浪费性官僚主义"的相关花销每年超过 3 万亿美元，占美国国民生产总值的 17%。[8]

市场营销学者蒂姆·安布勒（Tim Ambler）在研究英国企业执行董事会的行为时发现，"平均而言，董事会花在支出和计算现金流上的注意力，比花在思考现金流的来源和如何增加现金流上的注意力要多 9 倍"。[9] 类似地，广告从业者协会主席罗里·萨瑟兰对英国（或其他大多数西方经济体）的经济低迷做出了这样的解释：

> 任何接触过当前商业出版物的人都会被迫得出这样的结论：创造商业价值和增长的最佳手段在于合并、操纵资产负债表、收购、外包、离岸、缩减规模、避税、重组、杠杆……换言之，任何事情，只要不涉及烦琐的业务，只要能够找出人们可能需要的东西，并且在不断加深的信任关系中提供这些东西，都可以创造价值。[10]

管理上的无能，无论是在企业中还是在政府中，总是被伪装成"最先进的技术""领先优势"或"最佳实践"，这些冠冕堂皇的词语试图掩盖活动核心的空虚。普林斯顿大学的哲学教授哈里·法兰克福（Harry Frankfurt）提出了这样一个问题："为什么会有这么多的废话呢？"[11] 这是一个好问题，答案或许是：我们很容易被欺骗，相信任何政策只要是带着善意的，或者是用管理主义的话术来装扮的，就会带来好的结果。实际上，只要对道理的要求超过对知识的掌握，废话就会增加。

从金和克鲁身上得到的启示是，我们高估了我们的愿景、使命、目标、措施和计划作为行动指南的重要性（以及对它们的虔诚度），就像我们低估了我们为追求这些而采取的行动所依据的假设的重要性（和真理）一样。我们天真地认为，区分有效政策和无效政策的是目的的正确性，而不是证据的可靠性；好人怀有好意就会有好结果，反之亦然。事实上，我们通常是这样评估政策或战略的：它是否出于良好的意图？换句话说，我们以战略家的素质来判断政策或战略的质量。因此，如果有缺陷的战略令人信服地"宣扬"自己所主张的"美德"，那我们将很容易被它"诱惑"。

开放的心态

如果我们真的相信我们的许多假设是错误的，那么我们就会以一种完全不同的心态对待决策。我们不会通过寻求确凿的证据来证明我们的信念，而是会寻找不确凿的证据。我

们对决策的信心不应该依赖大量的支持性数据，而应该依赖
难以找到任何明显的反证。

在与持不同信念的人争论时，我们会更多地关注他们达
成信念的途径，而不是为我们达成信念的过程辩护。我们会
考虑"强化"那些与我们观点不同的观点，然后试图挑战或
反驳它们。我们会做出这样的假设：他们发现真理的可能性
不比我们自己小，也不比我们自己大。我们唯一关心的是真
理，无论它的提出者是谁。事实上，在引发共同观点的对话
中，我们会忘记某个想法是由谁提出的。

在调度室里，或在《新闻之夜》的采访中，或在大选前
的辩论中，典型的对立性争论情绪往往导致"鸡同鸭讲般的
对话"，而这种对话氛围偶尔会被一种纯粹的能够消除敌意
的因好奇心而产生的问题或意见所打破："真有趣……""是
什么让你产生这样的观点？""也许你说得有道理""我没有
这样想过""多么有趣的建议""我们如何在你的想法的基础
上发展""我到底为什么没有想到""这帮助我提升了我自己
对 ××× 的理解"。

理性从属于一种无私的心态——不是要证明什么，不是
要赢得争论，也不是要左右人群。这是一种开放的心态，一
种对创新的想法、不同的观点、新的数据……以及被质疑的
不适感保持开放的心态。

小结

商业中的理性至少可以用三种完全不同的方式来诠释。

1.理性的行动是指确定达到某一目的的最佳手段，其基础是人们普遍相信，成功的企业是能实现其目标的企业。这是一个团结和驱动大多数高管的假设，与这种信念最密切相关的经营实践是目标管理和战略性市场规划。

2.理性的行动是指基于现有知识有逻辑地推理出的行动，其基础是完善的商业决策是以证据为基础的理论的应用。这种假设与包含商学院、经济系以及管理咨询公司在内的学术界的关系最为密切，体现在案例研究方法的使用和最佳实践、全面质量管理与卓越运营等管理概念的应用上。

3.理性的行动是指以发现新知识为目的的行动，其源于一个问题的提出，对这个问题的良好回答将使企业获得竞争优势。这是支撑科学发现的假设，也是激励大多数企业家的假设，它在设计思维和持续的试验中得到了最好的体现。

战略思维应该与上述定义中的第三种定义结合起来，借用彼得·梅达瓦（Peter Medawar）对科学方法的定义，[12]这种定义实际上将理性定义为

"可解决的艺术"，它假定一家企业的绩效最终取决于其相对于竞争对手的学习速度。由此，商业中的理性可被解释为试验的过程，经理人在这个过程中对世界采取某种行动，创造数据，并从中得出他们的理论。赢家总是知道一些输家不知道的东西。

问题

1. 你的企业的战略计划实质上体现了你想实现的数字目标，还是你想采用的最佳实践，抑或是你想检验的信念体系？
2. 如果一个好的答案能够为你的企业带来最高的绩效，那么相应的问题是什么？
3. 对于上述答案，你最想检验的候选假设是什么？
4. 你会如何设计一个试验来快速且低成本地检验这个假设？

　　如果说战略事关一系列的试验，那么我们在下一章提出的问题是："领导者的角色是什么？"

注释

1. Lynch, P (2000) *One Up on Wall Street*, Simon & Schuster, First Fireside edition, New York.
2. Buffett, W (1997) *The Essays of Warren Buffett:*

Lessons for Corporate America, selected, arranged and introduced by Lawrence A. Cunningham, Carolina Academic Press.

3. Ryle, G (1949) *The Concept of Mind*, Hutchinson, London.

4. Quoted in Good, I G (1962) *The Scientist Speculates*, Heinemann, London.

5. Casson, M (1982) *The Entrepreneur: An economic theory*, Barnes and Noble, Totowa, New Jersey, p. 14.

6. Quoted in Caulkin, S (2006) The more we manage, the worse we make things, *The Observer*, 1 October.

7. King, A and Crewe, I (2014) *The Blunders of Our Governments*, Oneworld Publications, London.

8. Hamel, G and Zanini, M (2017) Assessment: Do you know how bureaucratic your organization is? *Harvard Business Review*, 16 May.

9. Ambler, T (2003) *Marketing and the Bottom Line*, Pearson, London.

10. Sutherland, R (2009) Why advertising needs

behavioural economics, *Campaign*, 23 October.

11. Frankfurt, H (2005) *On Bullshit*, Princeton University Press.

12. Medawar, P B (1967) *The Art of the Soluble*, Methuen, London.

05

第 5 章

榜样和公平问题

在本章中，我们质疑一种普遍存在的观点：领导力主要是一种提供方向、制定规则和确保其他人专注于实现组织目标的能力。我们提出了另一种解读角度：领导力可以来自以身作则、视公平为绩效基础的人。如果我们想要避免让许多人在组织的各个层面感到异化和隔绝，并希望将我们的领导精力和影响力集中于创造能够让我们和其他人都得到蓬勃发展的环境，那么，我们需要以不同的方式进行思考和行动。我们需要问这样一个问题：组织如何服务于人，不仅仅服务于我们的客户或者股东，还服务于那些为彼此和我们一起从事的工作付出时间和精力的人？我们要努力在行为上发挥榜样作用，站在别人的立场上，从别人的角度出发看问题。我们必须问自己，我们是否在一个公平的基础上共同工作。在20世纪哲学家约翰·罗尔斯的帮助下，我们看到，公平不仅仅涉及简单的平等分配问题，它涉及为我们的贡献承担责任；它需要我们承认差异；它需要各方不断保持警惕。实现公平，是关乎领导力的工作。基于希腊哲学家普鲁塔克的研究，我们探讨了什么是典范，并指出，典范是他人想要效仿

的人，是其存在能使人们建立信心并激励人们发挥最佳水平
的人。

分裂的世界

大多数领导力理论都有一个隐含假设，即世界上的人分
为领导者和被领导者，这意味着前者能够比后者更自由地行
使自己的权力，且这种自由在某种程度上是正确和自然的。
同样地，等级关系、报告结构、控制机制、签字程序、财务
激励、规划系统、承诺程序等现代官僚机构整套体系的构成
因素，都会破坏"'我是谁？'和'我做了什么？'是很重要
的"的意识，即我们与生俱来的人格意识，而这种意识是人
类和道德社会的核心。

让我们从 20 世纪一位非凡的领导者的故事开始讲述，
这位领导者不需要等级制度、官僚主义或管理主义就能领导
一个非常成功的组织。

马克斯·佩鲁茨和卡文迪许实验室

1936 年，出身于犹太人家庭的年轻而一贫如洗的化学
家马克斯·佩鲁茨（Max Perutz）逃离奥地利，来到剑桥大
学攻读博士学位。第二次世界大战后，他一跃成为"分子生

物学教父"，因发现血红蛋白分子结构而获得诺贝尔奖。他也是世界上最成功的生物研究实验室的创始人。

1947 年，在劳伦斯·布拉格（Lawrence Bragg）爵士的帮助下，佩鲁茨赢得了医学研究委员会的支持，在剑桥大学卡文迪许实验室成立了 MRC 生物系统分子结构研究组。那时，除他之外唯一的研究人员是约翰·肯德鲁（John Kendrew）——佩鲁茨的第一位博士生。肯德鲁于 15 年后与佩鲁茨共同获得了诺贝尔奖，彼时，该研究组已经发展到拥有 90 名研究人员，成立了分子生物学实验室（LMB）。DNA 分子结构的发现者弗朗西斯·克里克（Francis Crick）和詹姆斯·沃森（James Watson）等人也出自这个实验室。

1962 年至 1979 年是 LMB 最辉煌的时期，这段时期正是由佩鲁茨担任该实验室的主任。到 2002 年他去世时，仅仅这一个实验室就获得了 9 个诺贝尔奖（由 13 位科学家共同获得）、4 个荣誉勋章和 9 个科普利奖章（英国皇家学会授予的最高荣誉）。佩鲁茨是如何取得如此成就的？他的秘诀是什么？

或许最重要的是，他把实验室的管理控制在最低限度。他是这样描述他所要创造的氛围的：

> 科学界的创造力，就像艺术界的一样，是无法组织的，它是由个人的天赋自发产生的。运作良好的实验室可以培养这种天赋，但等级森严的组织、

僵化的官僚规则和堆积如山且徒劳无益的文书工作
会扼杀它。发现是无法被计划的，它们就像天卫
十五一样，在意想不到的地方突然出现。[1]

他坦率地写道："我很少计划我的研究，而是由它们来
计划我。"

药理学家詹姆斯·布莱克（James Black）爵士在反思佩
鲁茨激励和培养研究人员的方式时，这样描述道："没有政
治，没有委员会，没有报告，没有裁判，没有采访，只有几
个有良好判断力的人挑选出的高度积极的人。"[2]佩鲁茨最杰
出的学生塞萨尔·米尔斯坦（César Milstein）在谈论他从佩
鲁茨那里学到的最有意义的东西时说道："我学到了研究的
全部……我从老师身上感悟到了一个不言而喻的信条，在我
的设想中，我把它翻译成'做好试验，其余的不用担心'。"[3]

后来，这个实验室成了吸引最聪明的年轻科学家的地
方。所有与佩鲁茨共事的人都对他的温和、宽容和对他人的
欣赏赞不绝口。他的一位合作研究人员形容他是"一位富有
人情味的科学家，他用自己的聪明才智去照亮别人，而不是
让别人眼花缭乱"。他剑桥大学的同事长井洁这样评价他：

（他）教导他的学生和博士后要独立，所以他
很少过问事情的进展。但是，他经常在我们身旁

工作，而且总是愿意倾听我们的问题。他到美国去时，会跟别人谈论我的项目，并且总能带回来一些观点和想法。两年来，我没有什么好的想法可以告诉他，但他总是很支持我。[4]

佩鲁茨注重培养年轻学者的独立思想。他以身作则，90%以上的时间都在工作台工作，并希望别人也这样做。他的妻子吉塞拉把食堂设计成了实验室的知识中心，他可以通过与同事一起吃午饭或喝咖啡来了解他们的最新工作情况。每个人都感受到了最大的尊重、人情味和爱护。有一次，人们听到他以他一贯的谦虚态度说道，他对他的天才们所负的唯一责任就是确保他们能够得到他们所需要的一切，以便继续前进。

> 要领导他人，你所必须知道的不是技术性的答案，而是你所依赖的人需要什么，他们对什么充满激情。

以公平的精神发挥领导作用

我们能从佩鲁茨身上学到什么？他领导实验室的方式有什么特别之处或吸引力？最重要的是，他向我们展示了一个组织可以用非常巧妙的方式实现高效。

这种巧妙来自佩鲁茨拥有通过影响力和探究而不是通过权威或资历来行使权力的能力。他将自己视为众多研究人员中的一员，与同事共处。

他的力量源自他的人格。那些身处佩鲁茨影响范围内并乐于受到他影响的人，并不会把自己态度和行为的改变归功于佩鲁茨的才华与能力，而是会归功于自己的技巧和努力。他们会把受影响的过程内化。事实上，这种内化对传统领导力观点而言是一种讽刺。对于佩鲁茨而言，这种内化是快乐的一种来源。他既不需要，也不寻求以自己的影响力而居功，但这并不妨碍他是最有影响力的人。

佩鲁茨所体现的领导风格，使我们成为更好的人。这样的领导风格激发了我们更高的能力，特别是我们的创造力和勇气，它使我们摆脱了软弱的本性，如我们易于产生对官僚体制的服从性和听天由命的态度。受他影响，我们不会辜负人们对我们的信任和期望。他提醒我们，"最好的自己"就是当我们照镜子时想看到的那个人。

正是那些卡文迪许实验室所缺少的东西，使它与众不同。在我们日常的组织生活中，围绕我们的东西让人抓狂，但我们已经接受了这样的现状，同时还会向任何愿意倾听的人抱怨那些条条框框的存在。在卡文迪许实验室里，人们没有抱怨的必要，那里也没有目标、基准、计划、KPI、打卡机之类的东西。

> 就在几年前，通用电气——这个被誉为最先引入KPI以推动人们不断提高绩效水平的组织，放弃了这种指标，并摆脱了由KPI带来的会适得其反的徒劳之举。KPI并不能驱动绩效，而会驱动纵容。如果你想让你的呼叫中心最大限度地提高呼叫响应速度，就不要指望你的企业能最大限度地提高客户忠诚度，因为摆脱一个电话的最快方法是转接，而不是接起它！

佩鲁茨掌管实验室所基于的假设是：那些与他合作的人和他自己一样值得信赖，他们同样雄心勃勃，诚实且勤奋。为什么会有人雇用漫无目的、不负责任、不思进取的人呢？佩鲁茨认为，如果自己不得不依靠等级制权力或官僚体制下的服从性才能发挥他人的最佳才能，那绝对是一种耻辱。

他免除了控制，免除了管理，他有目的地把重点放在研究人员个人身上，让他们根据自己的激情和雄心来行动。他将其他人当作拥有自己个人支配权的个体来对待。

佩鲁茨的实验室之所以能够成功，并不是因为他将注意力集中在实验室的业绩之上，而是因为实验室里的一切都围绕着研究人员个人和最有利于他们实践的条件展开，这样一来，人们可以最大限度地贴合他们的专长、兴趣和所精通的研究领域。佩鲁茨不认为他的同事是一种人力资源——他们是人，如果把他们当作人看待，他们一定会自主地蓬勃发展。一切以个人为出发点和归宿，要么单枪匹马，要么自己组建小团队，研究人员都在工作台上做着自己的工作。佩鲁茨就在他们身边，做着自己的工作，但也对同事的工作特别感兴趣。

普鲁塔克的典范

"榜样不是影响他人的主要事物，而是影响他人的唯一事物。"这句话点明了所有人作为领导者取得成功的核心因素。领导者本能地知道，当权力不需要借助于被赋予的权威时，权力的使用才是最明智和最有益的。他们应注重的是树立好的榜样。

1984 年，卡斯珀因暴力犯罪被判处 30 年的监禁。16 年后，他被释放，这不是因为他是无辜的，而是因为他选择成为积极的榜样。多年来的作为使他成为犯罪金字塔顶端的监狱社区内最可怕的囚犯，然而这之后，用他自己的话说，他顿悟了。他意识到，他是在出演一个故事，一个他没有自主选择的人生图景。是的，他已经做出了选择——他需要为之负责的错误选择，但他做出这些选择的背景，是一个关于他自己的，他直到现在都从来没有质疑过的故事。他毫不质疑地接受了这样的故事，这并不罕见。在他的原生家庭中，经常施暴的毒贩父亲最终一命呜呼。在他的成长环境中，周围都是帮派分子，他不得不保护自己免受攻击，因此他变得暴力和愤怒。在顿悟的那一刻，卡斯珀决定掌控自己的人生故事，决定自己要成为什么样的人。这样做意味着挑战他的同龄人和家庭成员的期望。如今，卡斯珀周游世界，成为组织和社区中人们的榜样，不论老少，不论人种，帮助他们将自我形象转变为积极的形象，并敢于再次创造自己的梦想。

人类是一种极具社会性的动物，其行为有意无意地会受到同伴的深刻塑造和影响。我们和谁在一起，就会成为谁，我们会不断地将他人视为效仿的榜样和衡量自己的标准。在古典世界里，这样的被效仿者被称为典范（exemplum）或道德榜样。熏陶、影响不一定是无意识的、被动的。我们可以主动构建我们的道德环境。卡斯珀就是这样的典范。

古人深知这一点，所以有意用典范来引导人们向好的方向发展。这种方法最著名的实践者是公元 1 世纪的希腊哲学家、神父和历史学家普鲁塔克。他是天生的教师，他热衷于研究如何向年轻人灌输良好品格，在几个世纪里，他的方法都是西方教育的核心。事实上，许多世纪以来，他一直被视为"欧洲的校长"。

普鲁塔克认为，每个人都是理智、情感和习惯的结合体，在受到鼓励的情况下，大多数人都可以变得有足够的自我意志，能够通过运用理智来改变自己的习惯。人们可以选择自己的榜样。人们可以将现实生活中、文学中或历史中的伟大人物带入脑海，并决心按照他们的标准生活。他认为，"性格是长期延续的习惯"。

拟态性格理论显然受到亚里士多德的影响，他认为我们每个人都是通过自己的行为来塑造并成为自我的。因此，如果我们所向往的某种美德并没有自然而然地降临到我们身上，我们不必为如何获得这种美德而感到烦恼。例如，面对需要勇气的情境，我们可以想象一个有勇气的人在这种情况下会怎么做，然后就这样去做。最初，我们假装成一个自己想象的人，随着时间的推移，我们会逐渐变成那个人。

考虑到这一点，普鲁塔克创作了他的伟大作品《希腊罗马名人传》(*Lives of Grecian and Roman Noblemen*)，俗称《传记集》(*Parallel Lives*)。在这本书里，他讲述了他那个时代最杰出的 46 位军事和政治偶像的励志人生故事，包括亚历山大大帝、西塞罗、布鲁图斯、伯利克里和庞培。他希望读者不仅仅听闻他们的事迹，而且要立志以他们为榜样来引导自己的方向。

> 我们的知识视野必须应用于这样的对象——凭
> 借他们的魅力，这些对象促使我们朝着自己的正确
> 利益前进。这些对象可以在高尚的事迹中找到，这
> 些事迹会使那些寻找它们的人产生巨大的热忱，从
> 而引发效仿。[5]

不同的时代和意识形态对不同类型的典范有不同的认知。人们构建了自己的神话，编写了自己的寓言。因此，虽然早期的基督徒认为普鲁塔克选取偶像的标准是很主观的，但他们仍然相信这些偶像具有崇高意志。于是，他们追封了"圣者"（the saint）。在文艺复兴时期的意大利，乔尔乔·瓦萨里（Giorgio Vasari）的《艺苑名人传》（*Lives of the Great Painters*）提出了艺术家的偶像观，马基雅维利则借鉴"杰出人物的行动"来教育王子。在 19 世纪，歌德、卡莱尔和尼采等作家创造了一种不同的典范，即浪漫的偶像。

组织行为和程序公正

想要在工作中蓬勃发展，就需要得到同事的公平对待，特别是得到比我们年长的同事的公平对待。如果公平被视为领导有方的组织的第一美德，那么领导力则体现为创造出这样的组织的能力。

工作场所的公平感是我们体现尽可能多的人性化，并以对自己和他人都有利的方式行事的前提条件。

我们所说的公平是什么意思呢？与信任一样，我们可以凭直觉知道它的含义。我们可以认识到它的存在——特别地，是它的缺失。但是，作为领导者，我们如何澄清这个概念，使我们能够实际应用它，从而为我们所工作的组织注入更多的公平性？

在《正义论》(*A Theory of Justice*) 中，约翰·罗尔斯提出了一个著名的理论工具来分析这个问题，他称之为"无知之幕"。[6] 这个理论工具很简单：与其说规则是由当权者制定的，不如说是"参与社会合作的人在一次联合行动中共同选择了分配基本权利和义务、决定社会利益分配的原则"。无知之幕之所以适用，是因为在辩论结束之前，没有人知道自己的角色、自己的地位、自己的义务和自己的权利，因此必须考虑这样一个问题：如果被分配到任何一个角色，人们会认为相关的义务和利益是公平的吗？"正义的原则是在无知之幕的背后选择的。"

我们应该期望从这样的辩论中产生的原则是什么？罗尔斯本人认为什么是分配正义的原则？他如何设想辩论的开展？罗尔斯认为，在无知之幕的背后，我们将选择两个一般的正义原则。

1. 平等自由原则：每个人都有平等的权利享有与所有人的类似自由相容的最广泛的自由。

2. 差别原则（或称最大化规则）：社会和经济的不平等只有在有利于处境最不利的人的情况下才是合理的——如果这些人能够在机会平等的条件下得到"向所有人开放的职位"的话。

对罗尔斯来说，社会应该允许人们完全自由地从事集体活动，如商业和贸易，这些活动会导致一些人比其他人拥有更多的权力、收入和更高的地位——只要这些活动能同时使所有人的生活变得更好。换句话说，一定程度的不平等，会使每个人都获得好处。

在发展他的"正义即公平"理论时，罗尔斯特别关注财富的公正分配问题，但他的思想试验同样适用于权力的公正分配问题。罗尔斯暗示要将他的理论应用于公司等"私有协会"以及整个社会，但他从未进行过这一探索。我们认为，罗尔斯的正义模型可以直接应用于商业世界和工作场所的设计，在罗尔斯的无知之幕背后，很少有人会主动设计他们今天生活和工作于其中的组织的形式。

领导和管理的语言与实践，至少在正常的、日常的形式下，通常都会触犯正义和公正的原则。从泰勒开始，所有的管理理论都建立在这样一个前提下，即组织是目的，雇员是手段。因此，经济学家把劳动力当作像资本、土地或设备一样的"生产要素"；会计师把"人力资本"作为一种成本来衡量，以达到优化的目的；企业则把员工当作"人力资源"，按管理层认为合适的方式投入工作。在日常话语中，我们把员工说成"为公司工作"，很少听到把公司说成"为员工工作"。

> 我们在谈论战略目标和组织价值的时候，忽略了这一点。我们服务的不是组织，而是彼此，是人。服务的基石是公平。任何其他的东西都是利用职位权力来获取个人利益的工具主义。

加雷思·摩根（Gareth Morgan）在他很有预见性的著作《组织》中，将一些公司描述为"精神监狱"，[7] 他观察到许多公司与优秀组织的理想形态相去甚远。然而，在佩鲁茨的 LMB 中，我们可以看到，我们身边就有让每个人的目标和激情都能得到体现的地方，这样的组织在任何意义上都会更有价值。

实践中的公平

> 公平社会是这样的：当你了解了关于它的一切，你仍然愿意成为其中任一阶层中的一分子。
>
> ——约翰·罗尔斯，《正义论》

罗尔斯为如何分配权力，如何做出决策，如何分享收益（简而言之，为如何在一个良好的替代性组织模式下处理任何集体努力中固有的不平等）奠定了基础。在如今的世界里，如果典型的公司员工参与到无知之幕的实践中，他们会如何定义公平？这仍然是一个有趣的问题。例如，他们会不会主张建立一个更扁平、更民主的组织？他们会准备容忍多大程度的不平等？千禧一代会不会得出与年长、更有经验的同事不同的结论？他们又会不会在奖励分配上不那么厌恶风险，而更加唯贤是论？执行委员会会不会认为整个分配过程都是错误的，甚至认为是恶作剧？这些都是经验性的问题。

在真实的组织中，成员之间进行这样的辩论有多大的可行性？能否让罗尔斯的思想试验"活"起来？我们能否想象我们剥离自己的成就、才能、资源或意见，进入原始立场的方式？我们能否真实地进入这样的辩论，而且不带有任何我们在生活经验中获得的（自私的）偏见？我们能否充分地对自己进行去人格化，从而对什么是"工作中的公平"与我们所属组织的公正社会契约抱有真正无私和公正的看法？

进行一个组织革新方面的练习，我们建议你进行以下试验。

1. 随机抽取员工样本。

2. 把他们集中在一个房间里待一天。

3. 邀请他们进行一场罗尔斯式的辩论。

4. 注意这种"无自我"式的辩论会得出什么样的结论。

在寻求公平蓝图的过程中，几乎没有比在整个组织中开展这类辩论更重要的组织实践了。然而，在这样做的过程中，要做好结果出乎意料的准备。不言而喻的是，广泛的跨部门工作人员会"拆除"整个领导和管理机构。人们可能会更有眼光、更谨慎、更保守。究竟有多少等级制度和官僚主义是"公平和有益的"——特别是在危急时刻或在需要经验和专门知识的情况下，相关结果可能会出人意料。但是，也要做好应对冲击的准备。我们在工作中认为理所当然的很多事物，同样会受到强烈的挑战。

我们自己的经验是，大多数工作中的人都希望有更多的融入感，在目标的选择和战略的设计中发挥更积极的作用（特别是那些对他们影响极大的决策），并在如何开展工作和履行职责方面有更大的自由裁量权。我们在担任顾问和担任一般管理职务时，都进行过这方面的试验。简而言之，我们发现，人们希望在工作中获得更多的认同感、归属感和目标感，同时会承认自己有义务与同事合作，共同创造能够满足这些愿望的组织环境。以下是四家著名公司的例子，它们遵循一套与常规截然不同的规则，这些规则的明确目的是创造更多的包容性和公平感。

晨星公司和《同事谅解备忘录》

《同事谅解备忘录》（Colleague Letter of Understanding，CLOU）描述了同事在组织内的目的和同事同意完成的活动等内容。每年，每个员工都会与受其工作影响最大的同事重新协商他们的 CLOU。这是世界上最大的番茄加工厂——晨星公司的员工就彼此之间的期望达成一致的制度。CLOU 主要是在内部价值链上商定的自愿性协议。他们所做的承诺并不是上下级之间的，而是对那些成功主要取决于其服务质量的人的。在这种情况下，公平就是允许员工自己制定相互之间的协议。

CLOU 只是晨星公司的民主化实践之一。他们的其他激进做法还包括以下几点：没有人向老板报告工作；每个员工都要与同事协商自己的责任，特别是那些自己的工作十分依赖于这些责任履行结果的同事。由此，薪酬决定是建立在同事评估的基础上的。事实上，所有等级和级别的标志，如头衔、组织结构图或晋升都被回避了。每个人都要为自己配备所需的工具，以履行所商的职责，每个人都被赋予信任，花着公司的钱来完成自己的工作。晨星公司成立于 1970 年，总部位于加利福尼亚州的伍德兰。它有 400 名员工，每年营业额达 7 亿美元。

戈尔公司和网格组织

"我们用脚投票。如果你召开一场会议，大家都来了，那你就是一名领导者。"美国价值 25 亿美元的高科技材料公司——戈尔公司就是这样发掘自己的领导者的。这些领导者不是任命的，而是通过民主程序产生的。在他们周围形成的团队是自我选择和自我管理的，甚至连他们的首席执行官的选择也是集体决定的。

50 年来，戈尔公司向我们证明了，除了采用传统的管理方法外，还有其他方法可以经营一家非常成功的公司。戈尔公司文化的运作基于这样一个激进的假设：伟大的想法可以源自组织的任何层面，所有的想法，无论其来源如何，都应该平等地争夺资金，公司资源的最佳分配往往不是自上而下的，而是自下而上的。

因此，戈尔模式更像一个由自我定义和自我组织的群体组成的"市场"，而不是一个预先设定职位和预先规定任务的"等级制度"。与任何市场一样，戈尔公司既强调竞争，也强调合作，它信奉任人唯贤的原则，它无情地揭露平庸，它依靠内在动机多于经济激励，它重视个人贡献多于其资历。在戈尔公司中，领导者的作用是促进这一进程，而不是指挥或协调这一进程。公平在这里被定义为自我管理。

HCL：向客户而不是老板汇报

我们必须摧毁首席执行官的概念。"远见卓识""船长"等概念已经破灭。我们告诉员工，"你比你的经理更重要"。价值是在员工和客户之间创造的，而管理层的工作就是在这个层面上实现创新。要做到这一点，我们必须废除命令和控制。

维尼特·纳亚尔（Vineet Nayar）这样说道。纳亚尔在2007年到2013年担任HCL科技公司的首席执行官，HCL科技公司是一家总部位于印度的价值55亿美元的全球信息技术服务公司。现在，纳亚尔是Sampark基金会的创始人和主席。[8]对他来说，公平相当于人与人之间和部门之间的信任。

日产汽车与公平程序对话

复苏，创造新的可持续增长，是一个老牌企业在遇到财务困难时面临的最艰难的挑战之一。日产汽车在1999年至2001年期间的扭亏为盈是一个著名的例子，它说明了如果使用正确的方法，企业可以风光地应对这一挑战。在这个案例中，这个方法就是"公平程序"（fair process），这是金伟灿（W Chan Kim）和勒妮·莫博涅（Renée Mauborgne）（两人都是欧洲工商管理学院的教授）所倡导的"程序正义"的一种版本。[9]

他们认为，要使一项决定被认为是公平的，那些负责执行该决定的人应该感到自己的观点是被征求、被理解和被尊重的，辩论是公开的和客观的，而且即使自己的想法被拒绝，随后做出决定的理由也是明确的和无私的。他们采用了一个三层次的模型——3E 模型，来检验企业文化的公平性。

- 参与（engagement）：受企业决策影响的人都参与决策，例如，他们的想法和观点会被征求，他们挑战其他各方想法和假设的权利会得到尊重。
- 解释（explanation）：参与这一过程的人完全理解最终决策的理由，换句话说，无论结果如何，他们都能理解这一过程的公正性。
- 期望（expectation）：参与执行决策的人事先清楚地知道对他们进行评估的标准。

公平性在于每个参与其中的人都认为竞争环境是公平的。

从这四个例子中，我们可以汲取什么经验呢？我们希望，无论罗尔斯式的辩论多么困难，无论达成一套协商一致的结论的过程多么艰辛，相关做法都可有助于推动组织成为充满公平和分配正义美德的组织。

危险的共谋

我们常常把我们的生活责任"外包"给他人，天真地认为他们能比我们自己更好地管理我们。我们自欺欺人，相信他们会把我们的利益和福利放在心上。我们希望被照顾，所以我们寄希望于那些自称对我们有"照顾责任"的人，我们称他们为"领导者"，并相信他们有能力比我们自己更了解我们的利益。我们希望领导者能让我们摆脱的责任，实际上是义务，是根据我们自己的理性和意志过自己的生活的义务。

作为领导者，我们很容易通过提供答案、制定规则、做出决定、按照我们认为合适的方式进行奖励和惩罚来回应这种需求。通过这种方式，我们可以为自己的资历和更高的薪酬"辩护"。作为领导者，我们享受控制权；作为被领导者，我们享受责任的缺失。

这种共谋是会传染的。管理者的数量和管理层级在不断增加。在 20 世纪，英国的管理层级的规模增加了 7 倍。很快，就会出现下属人数不足，无法让那些老板和领导者指使的情况。为什么一家公司会愿意雇用一个需要管理的人？一个自尊心强的领导者为什么要领导一个需要领导的人？为什么有人愿意为一个不愿意为自己负责的人负责？

在接下来的四章中，我们会质疑这种状态。在其他哲学家朋友的帮助下，我们重构了什么是领导，什么是共同创造，什么是学习和改造，什么是承担责任。我们的重点是：

要成为典范。我们深入挖掘组织生活的三大关注点：赋权、沟通和参与。

问题

1. 你会把你的工作场所描述为"公平的"吗？换句话说，它能通过"罗尔斯测试"吗？

2. 如果答案是"不"，那么在人际行为或制度设计中，有哪些方面不符合公平组织的原则？

3. 公司里的其他人是否会把你描述为领导力的典范，他们认为你的哪些品质特别具有典范性？

注释

1. Perutz, M (2003) *I Wish I'd Made You Angry Earlier: Essays in science, scientists, and humanity*, Cold Springs Harbour Laboratory Press.

2. Quoted by Andrew Tucker in his Obituary of Max Perutz, *The Guardian*, 7 February 2002.

3. Ibid.

4. Quoted by Kiyoshi Nagai in his obituary of Max Perutz, *The Biochemist*, June 2002.

5. Plutarch, *Parallel Lives* (SMK Books, 2014), translated by Aubrey Stewart.

6. Rawls, J (1971) *A Theory of Justice*, Harvard University Press, Boston MA.

7. Morgan, G (2006) *Images of Organization*, Sage, London.

8. Quoted in Hamel, G (2012) *What Matters Now*, Jossey-Bass, San Francisco, p. 234.

9. Kim, W C and Mauborgne, R (2003) Fair process: managing in the knowledge economy, *Harvard Business Review*, January.

06

权力的馈赠

引　言

在本章中，依据 17 世纪哲学家托马斯·霍布斯和 18 世纪哲学家伊曼努尔·康德的理论，我们提出了一种利用权力的方法，可以帮助我们所有人处理好个人需求与集体责任之间的两难问题。该方法让我们认识到，权力不是一种权利，而是一种由他人授予的礼物，并且要用于造福他人。此论点的核心在于赋权的理念。我们发现，即使是最具善意的领导者，他们在面对赋权时的典型态度在根本上也是存在缺陷的。我们将探讨如何使用他人授予我们的权力，创造出让每一个被赋权的人都能够蓬勃发展的环境。

告诉他们我们觉得没有权力！

几个月前，我们受邀为一个欧洲的客户进行多元化与包容的主题演讲并举办研讨会。该公司中层管理人员和普通职员出席了会议。每个人都表现得很积极。在研讨会结束时，几位与会者跟我们进行了对话。他们传递的信息简单明了："你们必须告诉管理层的是，我们感觉到完全被排斥在外，没有权力，被规章制度束缚，更没有做出决定的权力和自由。"

碰巧，我们被安排在当天晚上向管理委员会汇报会议的进展情况。于是，我们尽责地报告了这样一个信息："你们的员工感到他们的权力被剥夺了，并且被管理层排斥在外。"管理委员会的高管们的反应是着实惊慌的。从惊慌中反应过来之后，他们开始考虑怎么解决问题，"我们可以启动一项员工建议计划""我们可以组织早餐会，这样任何人都可以来告诉我们他们想要什么""我们应该邀请一名员工代表参加管理委员会的部分会议""我们需要开展一项赋权培训计划"。

问题解决了？

对于缺乏赋权的指责，这种回应并不少见。我们在本章中提出的问题是：这些善意的高管所做出的回应是否真的能够带来赋权？根据我们的经验，不能。

《剑桥词典》将赋权定义为获得自由和权力去做你想做的事情，或者控制发生在你身上的事情的过程。这里最重要的词是"获得"。不幸的是，那些拥有权力的人认为赋予他人权力是他们的工作。同样不幸的是，那些没有权力的人把赋权视为一种需要别人来给予自己的东西。这种情况带来的不是赋权，而是依赖。这是一条阻力最小的道路，是一种勾结，使那些寻求赋权的人能够避免承担责任，使那些被要求赋权的人能够维持他们的控制权。

在对赋权的思考中，我们需要把重点放在"获得"这个词上，而不是"给予"。我们需要发展出一种领导实践，帮助人们行使自由，部署权力。这是本章的重点。我们要探究：我们如何利用我们所拥有的权力来最好地为被赋权的人提供服务？

关于如何利用我们的权力来支持被赋权的人，哲学能告诉我们什么

在回答这个问题时，我们重点关注哲学家托马斯·霍布斯和伊曼努尔·康德的思想。借助霍布斯的思想，我们将挑战"权力是向下赋予"的这种观点。除了独裁统治以外，在任何情况下，权力实际上是通过他人的同意而自下向上赋予的，且具有为他人谋福利的义务。借助康德的思想，我们将解释什么是为他人的利益而行使我们所拥有的权力。事实上，我们的很多管理实践都是工具性的，把他人看成达到目的的手段，而康德让我们看到，应该把他人视为并待为目的本身。

在 21 世纪蓬勃发展的商业世界里，充满了各种 KPI、需要争取的奖金、需要竞争的同事，以及需要组织的海外假期。关于这些，一位来自 17 世纪的英国人和一位来自 18 世纪的德国人，仍然能为我们提供诸多洞见，这说明他们对人类心理的深度洞察是值得致敬的。在过去的 3000 年里，人们对意义和自我表达的基本需求几乎没有什么变化，而"权力在人与人之间如何分配？""什么是合法的权力？"，这样的问题与以往任何时候一样，与我们息息相关。

好心办坏事

让我们回到前面的故事，高管人员试图为他们"无权无势"的员工寻找解决方案。前面讲到，高管人员提出了一些解决问题的举措，似乎带来了一阵赋权的热潮。

他们提出的所有点子，表面上看都是有用的，是可以赋权的。但如果我们逐一去看，就会发现一个潜在的前提，与他们赋权的意图背道而驰。以建议计划为例。如果你必须向比你级别更高的人提出建议才能完成某件事情，那么根据定义，你并没有被赋权去执行这件事，而是需要得到许可才能去执行。如果你需要被邀请参加特别的早餐会，才能向高管人员表达自己的想法，那么这就意味着，你本质上没有权力向他们表达你的想法，除非被邀请参加早餐会。如果你需要有人代表自己向其他人说明理由，以便做出决定，那么这意味着，你无权做出决定。如果你同意被送去参加赋权培训计划，你便否认了赋权是一种心态，而不是一种可以被训练的技能，这意味着，你其实在跟那些使自己失去权力的人"共谋"。

无论是建议计划、早餐会、意见代表制还是赋权培训计划，这些涉及赋权的倡议的隐含前提是：权力存在于等级制度中，而赋权是等级制度中级别较高者在做决定前顾及了（或者不管怎样，考虑了）级别较低者的意见。这不是在进行赋权，这仅仅是给予许可并加强依赖性。

我们换个角度看问题

让我们换个角度看看，上述包括建议计划、意见代表制等在内的每一种想法会有什么结果。

实施一个以"做你认为需要做的事就好，告诉我你已经做好了，或者告诉我你正在考虑做，如果我需要加入，我会告诉你"为主题的计划怎么样？我们同意这句话并不朗朗上口，但是，如果这句话能够付诸实践，能够让人们坚持去做他们认为是最好的、最有利于工作的事情，那么这样的计划一定可以为员工赋权。事实上，即使是在需要高度管控的行业，也存在很大的空间，让获得赋权的员工可以在较少的限制下行动。例如，我们的一个客户是一家全球性的制药厂商，他们正在尝试取消整个预算控制体系，只要求负责每个国家的区域经理能够制定长远的目标，并且定期汇报业绩即可。

或者我们可以考虑雇用这样一种人，他们认为自己有义务告诉他人（包括高管或者其他部门的人员）需要了解什么情况，从而能够帮助他人更好地完成工作。对于已经雇用的人，我们需要明确指出，我们希望大家能够把自己认为其他人需要了解的事情告诉那些人。每个人都需要做出有力的贡献。这就是赋权的可贵之处：它使得每个人都能够坚定地做出贡献。

几年前，我们与一家大型保险公司合作。该公司推出了一款非常成功的产品，销售额猛增，负责处理申请的部门不堪重负。于是，该公司雇用了临时员工来应对市场的需求。然而，由经验较少的员工来处理申请，导致处理过程中错误频出，处理申请的时间也延长了。紧接着，经贸类媒体开始报道这场"惨败"，公司的销售额开始下降。一个星期六的清晨，在无数申请书中忙得焦头烂额的部门负责人，直接打电话给首席执行官，打断了她的早餐，只是简单地说了一句："你必须马上下来！"这种对首席执行官的命令是很少见的，却是必不可少的。首席执行官乖乖地出现了，随后被她面前的场景吓了一跳：申请表堆满了临时办公桌，电话也无人接听，监管们正为了回答新手员工的一堆问题而焦头烂额。之后，星期一早上，她把产品价值链上的所有部门——销售部、媒体部、投诉部和申请处理部召集在一起。一天下来，他们已经制订好了一个拯救局面的计划，并为他们的产品提供了坚实且可持续的基础和依托。这样的成功是基于如下的条件才得以实现的：申请处理部的负责人被赋权，首席执行官决定使用她的权力来创造让被赋权的人通力合作、解决问题的环境。

如果领导者像上述首席执行官一样，不把自己看作上级，而是看作其他管理人员和普通职员的代表，随时准备为消除工作中的障碍提供便利、实施干预，那会怎么样？如果领导者不是总在行政会议上讨论如何指导员工的工作，而是在一线任职，以便能够观察和感受他们所负责的组织层面的基础设施（涉及规则、资源分配、物质条件）会如何妨碍员工努力做好自己的工作，那又会如何？这些都是领导者有权力和责任去改变的。如果领导者可以利用自己的权力来消除或减少那些工作条件上的障碍呢？如果他们能够创造一种环境，让有能力的人蓬勃发展呢？这就是我们在第5章中谈到的马克斯·佩鲁茨选择的领导方式。

我们要强调的是，我们所倡导的是思维的关键转变。关于赋权的传统思维是，人们需要得到许可才能被赋权。你经常会听到高管人员鼓励他们的员工要"承担更多的风险""更具创新性""只做对客户有利的事"。但这是行不通的，人们不需要被告知能做什么事，或者被许可能做什么事。伦敦商学院战略学教授加里·哈默指出，在私人生活中，人们经常是有创造力、敢于冒险的，并且会做自己所相信的事情。我们生来就具有创造力，我们对自己关心的事情充满热情，我们会寻求新的体验——假期、美食、各种活动，也会承担风险。领导者的工作就是创造一种环境，让有创造力、有激情、有好奇心、敢于冒险的人能够蓬勃发展，做出积极的改变，用自己的热情感染他人。

> 如果我们改变传统的观念，那么那些处在高层的人并不是要将权力赠予他人，而是要创造一个空间，让被赋权的人能够蓬勃发展。

权力是一种馈赠

为了进一步理解和探讨"领导者的工作是创造出使他人能够蓬勃发展的环境"，我们不能把高职位看作一种特权地位，或是一种可以随意给予他人的礼物，而应该将其看作一种来自他人的承载着一系列责任和义务的礼物。

要做到这一点，并在管理实践中做出必要的转变，我们需要挑战并重塑我们在组织中看待权力的方式。

组织性权力源于某人在组织中的角色。我们常提及"赋权"一词，其实该词所蕴含的"假设"是最大权力归于组织的最高层，最小权力归于组织的底层。许多组织都使用赋权体系，规定了哪些权力要按等级向下赋权以及赋权给谁，以确保每个人都清楚谁能做出什么决定。我们认为，权力下放的观点，事实上是一种"本末倒置"。

向下赋权的一种典型权力是支出权——一个人在不向上级寻求赋权的情况下可以花多少钱。通常情况下，首席执行官拥有大笔资金的使用权，他可以向下赋权，让下级人员支配较少的资金。下级人员可以进一步将更少的资金的支出权下放给比自己级别更低的其他人。这个过程可以一直持续下去，直到某个级别的个人没有一分钱的支出权。有报道称，在一些组织中，个人在"支出一分钱"的时候也需要先征得上级许可（有时甚至会被拒绝）。

这种自上而下的赋权观点暗含的假设是：越是资深的人越是有资格做出更费钱、更有影响或更有分量的决定。如果考虑到医院的情形，我们就会知道这种假设很明显是愚昧的——护理人员在救护车里照顾被送往医院的病人，有时必须做出挽救生命的重要决定，但事实上，护理人员并不是医学专业方面最高级别的人。在许多组织中，较低级别的人员所做出的决定可能根本不会涉及生死攸关的事情，但与在首席执行官办公室做出的决定相比，它们通常具有创造更多客户价值的潜力。

回到关于支出权的例子，谁应该拥有最大的支出权，不应该根据资历来决定，而应该根据人们如何被很好地定位，从而能够代表组织及其目标做出正确的决策来决定。我们所说的定位，并不涉及人们在等级制度中的地位或受教育程度，而涉及他们的知识、经验、对环境的理解，以及他们采取行动发挥积极作用的能力。

所有试图通过明确界定权力的界限，并在赋权体系的支持下协调和控制组织中所发生的事情的举措，都是存在问题的，且问题在于我们是不可能做到这一点的。人们常说，人生只有两件确定的事情：税收和死亡。实际上还有第三件：如果你不能适应，你就会成为多余的人。在企业的墓地里，到处都是那些因为不能适应环境而只取得过刹那辉煌的企业。它们错误地认为，只要继续遵循那些已经成为企业核心的流程、程序和惯例，企业就能生存下去。我们必须摒弃立法、控制和计划的思维方式。

我们生活的世界是复杂的，有如此多的干扰、威胁和机会、不可预见的情况与新的经验，以至于没有一套赋权体系能够为所有的变化立法。更糟糕的是，如果你认为你可以以这种方式立法，并期望每个人都能照此行事，你只会使你的组织不那么适应且适合我们所处的这个不确定的世界。适应性不是通过控制要发生的事情来实现的，而是通过面对正在发生的事情进行创新来实现的。问题的关键不在于让人们负责，而在于让人们具有应变能力。

在过去的两年里，我们对来自世界各地的 100 多个组织进行了关于促进蓬勃发展和适应性的行为的研究。研究结果是很明确的。指令性的、等级森严的和控制性的行为阻碍了员工蓬勃发展的能力。鼓励好奇心的、试验性的和探究的行为则为他们创造了蓬勃发展的空间。

为了解决传统的赋权方式所产生的僵化和缺乏适应性的问题，最常见的方法是考虑不同的赋权方式。这就引发了很多关于替代性组织和文化模式的争论——是等级制、矩阵制、精英领导制还是合弄制？问题在于，负责人随后的反应是实施结构和流程变革，这很像重新安排泰坦尼克号上的甲板椅。无论试图建立什么样的组织和文化模式，都无法回避我们每个人必须回答的基本问题：什么是权力？我拥有什么权力？我凭什么拥有它？我用它为谁服务？我应该如何利用它来做好事？这些都是哲学问题，而不是经济、心理、结构或过程问题。

一个哲学问题

几千年来，权力的实践、规则的实施和守则的制定一直是哲学家与神学家关注的重点。他们关注的是，我们需要在何种程度上，以何种形式行使权力，以实现社会或社区中人与人之间有益的、有成效的和尊重性的合作？已经得到推广或采用的解决方案，无论是宗教的、民主的、独裁的还是哲学的，都承认某种形式的权力要高于我们每个人对我们自己的权力，我们的隐私权，决定什么对自己而言最好的权力，以及拥有我们合法获得的资产的权力。

为了使任何更高级别的权力被自由的、平等并具有自治权的人们自愿接受，该权力必须被视作"公正的"，即在社区价值观内被视为在道德上正确且公平的。在道德上被认为是正确且公平的不是科学问题，而是哲学问题。接下来，我们将说明霍布斯和康德的思想如何塑造了我们对什么是正义，什么是在道德上正确且公平地行使权力的理解。我们分享了关于如何基于我们的权力范围，公正地代表他人使用这种我们所拥有的权力的观点。当然，任何人都可能不公正地使用权力（比如在他们拥有显著优势的情况下），但这并不代表"存在即合理"。如果人们在权力范围之外使用权力，那只是将"欺负"伪装成权力的一种形式而已。

> 权威不是一种与地位相关的的权力，它是他人赋予的，用以代表他人。如果没有他人的"允许"就行使这种权力，那就不是行使权威，而是欺凌——不公正地行使权力。

托马斯·霍布斯：我们生而平等

英国哲学家托马斯·霍布斯因提出了如今被人们普遍接受的自由民主制的社会契约基础而得名。社会契约是一个社会、组织或社区成员之间的协议，在协议中，某些个人被赋予特定的权力。他们被赋予的权力要用来协调社会、组织或社区成员的生产协作，也就是霍布斯所说的共同体。这涉及组织的功能和领导者在其中的作用。

霍布斯所处的时期，是以英国王权与议会权力斗争为主的时期。在 1642 年至 1651 年的英国内战中，国王查理一世和查理二世与议会之间为争夺最高权力进行了斗争，其结果实际上是英国的权力开始从摄政统治不可阻挡地转移到议会统治。

霍布斯在其最著名的《利维坦》一书中确立了社会契约哲学。[1]这一哲学思想的核心是人人生而平等，人人有管理自己生活的权力。考虑到这是霍布斯在 17 世纪中叶写的，可以说这种思想有点激进，但霍布斯的思想像我们大多数人一样，是自己所处的时代的产物。在内战期间，他是摄政王权而非议会至上的支持者，并在 1640 年至 1651 年流亡法国，在那里他担任威尔士亲王（即后来的查理二世）的导师，后者也流亡法国。

他虽然提出了人人生而平等的观点，但主张用摄政统治来裁决人与人之间的权力斗争，在他看来（有相当多的证据支持他），人与人之间似乎不能不诉诸暴力来解决分歧。一个人对自己生命的权力，往往会涉及利用权力限制他人的生命。那些拥有更多权力的人，如掌握更多资源的人，比那些权力较少或掌握资源有限的人，更能保障自己过上更好的生活。霍布斯将这种无限制的权力斗争称为"所有人对所有人的战争"。在霍布斯的心目中，参与所有人对所有人的战争，实际上是在自杀，是对上帝的犯罪。

霍布斯认为，面对这种导致许多暴力和人类苦难的权力斗争，唯一出路是让所有人接受他的观点，即合法的权力（权威）必须是有代表性的，要基于他人的同意。这个观点确实被许多人接受了，而且至今仍在被接受。然而，这并没有使他得出民主是合法权力的最佳形式的结论。相反，他确立了这样的观点：必须有一个统治者以权力来统治。在他看来，只有一个高级权威或一个主权可以被接受，并可以被允许在必要时和在生活的特定方面，压制每个人的自我管理权力。考虑到数百年来君主制统治的背景，这并不是一个很奇怪的结论（在今天看来或许有些奇怪）。

虽然我们可能不像霍布斯那样倾向于依赖一个全能统治者的贤良统治，但我们仍要感谢他。霍布斯为"人人生而平等""我们对自己拥有权力"这样的想法赋予了极大的信念和相当大的动力。相关思想的强烈共鸣，使霍布斯的思想在构建美国宪法的过程中给美国的创建者带来了灵感，也或多或少地被当今世界上的大多数人普遍接受为真理。作为领导者，我们有责任采取相应的行动。领导者是这样的人：其他人因为树立的榜样，或共同分享的愿景，或被灌输的信心，或被提供的保护等而选择跟随这个人，那么这个人就是真正的领导者。事实上，那些我们有权力支配的人可能会因为强制力而服从，而不是根据自己的选择来跟随或听从。如果得到的只是服从的命令，那么被赋权的人是不会留下来的。我们都知道一个道理：人们离开的是老板，而不是组织。同样，人们也会跟着老板去新的组织。

> 一个由遵从者组成的组织，是一个领导力显著缺席的组织；一个由追随者组成的组织，则是一个领导力充沛的组织。

霍布斯对权力、权威和社会之间关系的见解，为公正领导的思想提供了坚实的基础。

1. 人人生而平等。

2. 我们拥有的权力是他人借给我们的。

3. 源于我们权威的权力要公正地用于为他人服务。

4. 如果权力使用不当就会被夺走。

这是简单的道理，很难有异议（尽管霍布斯并不会写下第四点）。他的观点是，一旦建立了共同体，"作为君主的臣民，没有君主的许可，他们就不能抛开君主制，回到不团结的众人的混乱中去"。尽管如此，历史上很多君主都发现，如果失去了支持者，他们的代价就是陷入困顿的结局。所以，在现实中，第四点也适用于君主。

> 你是否根据公正的领导者的内涵来审视你的行为、你的意图、你的决定和行动？

我们看到社会契约的原则是今天许多构筑我们在组织内部和组织之间合作的"合同"（包括雇用合同、合作协议、供应商合同等）的核心。这些"合同"试图限制权力的任意行使，并反过来责成我们遵守某些义务。但是，"合同"本身并不能决定行为，不能创造伟大的领导力，也不能使有能力的人蓬勃发展。

伊曼努尔·康德：我们责无旁贷

契约是权力的一种形式，就像所有的权力一样，它的存在可以是好的，也可以是坏的。在霍布斯的基础上，我们必须诉诸其他人，将我们的命运从全能的君主、糟糕的老板、自私的同事或"契约"的剥削那里解脱出来。

为了做到这一点，我们诉诸德国哲学家伊曼努尔·康德，以寻求合法权威的来源，而不是基于主权、形而上的存在或它们在世上的代表。对康德来说，合法权威源于作为一个人的意义，源于人们寻求在社会中和平地、富有成效地合作与解决争端，为了更大的利益，要能够在某些方面下放我们的自我管理权力。

康德比霍布斯晚出生近150年，当时正处于前所未有的社会、宗教和政治的变革时期。过去，数百年的村庄和社区生活给人们带来了一种确定性，例如知道自己在社会中的地位，但也知道这是一辈子都无法改变的。然而，在那个时期，这种固化的宿命遭到了挑战。

早在18世纪50年代，新兴的中产阶级就对生活质量和教育水平的提高抱有期望，他们试图挑战公认的智慧和既定的权威。印刷品的广泛传播满足了人们对新思想的渴望。德国出版的图书数量从18世纪上半叶的78 000种跃升至下半叶的116 000种，增长了近50%。德国是欧洲人均出版新书数量最高的国家之一，仅次于那时已经在向君主立宪制迈进的英国。那些由上帝钦定的君主权力拥有者，皇帝、国王和王后，再也不能指望他们的权力不受质疑了。

康德对权力的公正行使的贡献源于他在著作《道德形而上学奠基》中对"绝对命令"的表述。[2]

"绝对命令"包括若干对其含义的表述，其中有三种表述对我们审视权力的性质和公正使用特别有启发意义。这些表述的原始形式有些难以理解，下面详细介绍了我们所关注的三种表述。在本质上，它们是这样说的。

1. 你应该用某种原则来指导你的行动，这种原则是一种你也会坚持让其他所有人用来指导他们的行为的原则（这是普遍性的表述）。

2. 你不应该把别人仅仅当作达到目的的手段，还应该把别人当作自己的目的（这是人性的表述）。

3. 如果我们要在社会中进行合作，就应该像遵守社会规则一样，把每个人都当作自己的目的来对待（这是目的王国的表述）。

常见的情况是，在组织的世界里，我们把人当作人力资源；在经济上，把人当作生产要素，习惯性地把对方当作达到目的的手段。这与在组织生活之外，我们把人放在社会的中心位置，认为人是公民，政府必须为之服务，帮助人们过上健康、充实的生活的民主的一般理念形成了鲜明的对比。

最近，在一家欧洲银行的董事会举行的战略研讨会上，我们强调了康德注重把他人当作自己的目的这一观念。在这场研讨会上，讨论的重点是文化在成功的战略执行中的作用。在此期间，财务总监表达了她的担忧，她认为员工正在被当作达到目的的手段，并建议人力资源部应改名为人事部。

部门改名能否达到预期的效果是另一回事，但这场研讨会表明，组织中有越来越多的人认识并关注到，我们对待人的思考方式与人本身的意义是不一致的。两周后，在与一家全球银行的高管人员共同参与的研讨会上，我们围绕首席执行官提出的一个问题进行辩论：我们如何使组织人性化？

回到康德和他的"绝对命令"，我们看到，他致力于寻找一个普遍守则，作为人与人之间道德行为的基础，以使我们每一个人都能蓬勃发展，与他人合作。这是组织和整个社会都应该有的志向。

必须认识到，康德热衷于证明以公正的方式行事是一种理性活动，即任何有思想的有意识的人都会断定是正确的活动。他认为，所有人都是平等的，都有自主意志，都拥有服从自己所创造的守则的能力，以便在合作和共同生活的状态下与他人一起生活。这是否让你想起了霍布斯？康德还说，这种自主意志支配着我们的行动，使我们不再简单地成为私欲和冲动的牺牲品，使我们能够按照正确的意识或我们的义务来行动——保持理性，并根据理性行动，而不是在情感或私欲的驱使下行动。康德认为，有理性的人有责任教育别人去过上理性的生活。就连资本主义（以自我利益为财富创造基础的"看不见的手"的模式）之父亚当·斯密也认为，[3]为了更大的利益，我们都倾向于将它凌驾于自身利益之上，或是使更大的利益优先于我们自己的利益——"为什么我们的主动原则会如此慷慨和高尚？"

康德的自主意志理论与霍布斯坚持的人人生而平等、对自己拥有权力的观点有关。康德坚持的另一个关键理论是，在行使权力的过程中，我们有一种先天的判断"什么是正确的？"的感觉（源于一种推理能力），它能够否决我们的直接欲望。

"绝对命令"和领导力

康德对"绝对命令"的表述对企业、组织和领导力意味着什么？概括如下。

1.普遍性的表述规定，我们有责任不对他人做出我们不希望他人对我们做出的行为，并做出我们希望他人对我们做出的行为。[4]

2.人性的表述规定，我们有责任将他人视为目的本身，而不仅仅是达到目的的手段。我们必须将他人视为具有自身权利的人，他们有自己正在寻求实现的合法目标。在我们与他人的互动中，我们不应该让我们对他人的需求来支撑我们的目标，并决定我们对待他人的方式，我们应该基于我们对他人目的的尊重来决定我们对待他人的方式。

3. 目的王国的表述规定，我们有责任服从我们所制定的守则。我们既是君主（因为我们创造了守则）又是臣民（因为我们服从我们所创造的守则，别人也会服从）。这就是上述两种表述的结果：由于我们根据普遍性原则和把他人当作目的的原则制定守则，我们制定的守则适用于我们自己，也适用于他人。

4. 总之，康德的这几种表述给领导力提供了三个变革性的准则。

a. 以我们希望他人对待我们的行为方式来对待他人。

b. 我们应该基于对他人目的的尊重来决定我们对待他人的方式。

c. 我们制定的守则应该适用于我们自己，也适用于他人。

在康德的目的王国中，他设计了一个思想试验来探讨"绝对命令"的含义。根据定义，我们都既是君主又是臣民，之所以是君主，是因为我们制定了我们应该据以生活的守则，而之所以是臣民，是因为我们必须按照这些守则生活。实际上，我们将自己在某些公正方面的权力委托给我们所属的王国。我们这样做的方式是将具体的权力下放给特定的国家机构，并连带着下放给任职于该机构的人。

我们可以争辩说，这仍然不意味着我们任何一个人应当接受他人对我们的权力支配。但在实践中，我们确实是这样做的——这就是在真实的王国中总是发生的事情，在组织、企业、社区、地区、国家中总是如此。

> 我们委任和承认某个人扮演对我们其他人具有权力的角色。但重要的一点是，其基础是权力被公正地行使。如果没有被公正地行使，权力就是一种强加的东西，会遭到人们的反感，且一有机会就会被夺走。

在一个文明的社会里，或在一个由被赋权的人组成的企业或组织里，那些有权力支配我们的人，是我们通过协议赋权的对象，比如警察、法官、政治家或老板、财务总监、主管、审计人员……他们负责创造一个社会、企业或组织，让我们这些遵守自己所创造和认同的守则的人能够在这个社会、企业或组织中蓬勃发展。

虽然在组织生活中，初看起来我们对老板没有选择权，不能撤换他们，也不能收回授予他们的权力，但实际上我们可以。在现代组织中，有许多方法可以剥夺不道德或不称职的老板的权力或使他们的过激行为得到遏制。例如，可以利用 360 度评估等工具，帮助无意识的"坏老板"成为有意识的"好老板"。公司治理的目的是确保企业在法律和道德体系内运行。就业法庭的功能是保护员工个人不受虐待。集体行动是确保更公平地分配资源的一种手段。这些机制的发展是为了确保向上赋权的接受者努力利用其权力为他人谋福利。

> 权力不是向下赋予的，而是向上赋予的。那些有幸走上领导者岗位的人，最好反思一下这一点。

当然，如果那些权力的支配对象在需要时没有站出来指责过激行为、无能行为或不端行为，这些机制都无法发挥作用。我们将在第10章进一步探讨这意味着什么。

首席道德官

在我们的组织中，有时我们似乎回到了封建世界，在这个世界里，人们基于特权和资历而不是义务与服务来行使权力。

我们认为，权力是一种他人给予的馈赠，也是一种责任。领导层的一项基本工作就是创造和维护一个让他人能够蓬勃发展的环境。首席执行官、其他高层成员以及一般的领导者，与其说应是"首席执行官"，不如说应是"首席道德官"（chief ethical officer，CEO）。

在本章前面，我们讨论了等级制度中每一级的支出权。在另一种组织中，首席道德官关注的重点是确保资金可以按照有知识与责任的人的决定和见解来使用，以实现事先商定的结果。首席执行官在不断被要求提高业绩的压力下，很容易变得更加关注是否有未经赋权的资金支出，特别是当其可能会削弱向投资者承诺的利润率时，而首席执行官的成功正是基于此。

当然，在组织中，有许多首席道德官（各级领导者）都能以道德的方式行事，创造使人蓬勃发展的环境。我们相信，我们所有人都可以努力做得更好。下面就是一个人担任首席道德官的例子。

| 案例研究 |

雀巢菲律宾公司

2003 年，雀巢菲律宾公司（NPI）是一家营业额达 20 亿美元的盈利企业，在雀巢全球十大市场之一的亚洲市场的消费热潮中高歌猛进。到了 2004 年，该公司的销售增长趋于平缓，消费者可自由支配的支出转向了移动电话，而且各产品类别的竞争压力越来越大。2005 年第 1 季度，该公司的销售额下降了 17%，严重积压的库存，货架上的商品老化，经销商对持有过剩产品的不满，仓库的数次爆仓都为该公司带来了危机，600 个集装箱在港口等待卸货更是带来了高达数百万美元的罚款费用。

公司大部分人都不知道有危机。销售团队正忙着享受奖励之旅——他们因为在 2003 年大量售出管道库存而赢得的奖励之旅。没有任何信息共享，该公司的工作方式就像各个部门是一个个完全分离的筒仓，互不相干，职能部门坐落在不同的楼层，员工坐在封闭的木质隔断间里互相指指点点。

2005 年，南都·南德基斯肖尔（Nandu Nandkishore）作为 NPI 的新任首席执行官来到这里。上任后，南都着手扭转局面，让大家关注需要做出的战略选择，以及 NPI 能在哪些业务中取胜。他没有提供答案，也没有告诉大家该怎么做，而是向那些具体开展工作的人——市场人员、销售人员、采购人员提出了问题：有哪些烦琐的流程占用了成本？我们如果逐个对产品进行销售、库存和生产方面的规划，有哪些不同的做法？我们如何控制营运资金？在这样做的过程中，他明确指出，在场的所有人都是可以回应的，他相信他们是最有条件去想办法的人。重要的是，他创造了一种符合期望的、适于行动的氛围，使有能力的人能够蓬勃发展。他给了他们时间、空间和尊重，让他们一起努力，一起解决。他认为他的作用是消除合作和贡献的障碍。员工之间的"木制隔断"就这样被拆除了。职能部门被集中到产品团队，打破了各自为政的局面。南都为团队行为和协作树立了榜样。过去那种互相指责、互不干涉的行为被共同拥有和共同创造所取代。南都的原则很简单，很具有康德的色彩。

- 我所拥有的权力是他人赋予我的角色的，它是一份礼物，一种馈赠。我的工作就是利用它来使他人蓬勃发展，因为我已经得到了蓬勃发展的机会（以我们希望他人对待我们的行为方式来对待他人）。

- 在这里工作的人都是有能力、有贡献的，并且希望能在这里干出成绩（我们应该基于对他人目的的尊重来决定我们对待他人的方式）。

- 对他人的期望，我会通过行为表现出来（我们制定的守则应该适用于我们自己，也适用于他人）。

NPI 在 18 个月内扭转了局面，此后取得了一个又一个里程碑式的成绩，并在 5 年后成为雀巢表现最好的分公司之一，不仅在全球范围内开展业务，而且销售额、利润率、市场份额都有所增长。这一切还伴随着较高的员工满意度、零营运资金，以及出色的营销和沟通。

重要观点

- **赋权不是随意给予许可。**破坏大多数组织的赋权实践和尝试的一种隐含假设是：权力处于等级制度之中，赋权是等级制度中处于较高层级的人在做出决定前考虑层级较低的人的意见的行为。这不是赋权，只是酌情给予许可。

- **领导者的工作是为他人创造蓬勃发展的空间。**通过颠覆传统的思维，我们看到，那些拥有更多权力的人的作用不是随意地将权力赋予他人，而是创造空间，让获得权力的人能够蓬勃发展。

- **为所有的可能性立法会使组织的适应性降低。**我们所处的不确定世界的复杂性和破坏性，创造了如此之多的威胁与机会、不可预见的情况和新奇的经验，以至于没有任何一个赋权组织可以为所有的可能性立法。更糟糕的是，如果认为我们可以以这种方式立法，并期望每个人都照此行事，我们只会使组织的适应性降低。

- **权威不是一种与地位相关的权力。**它是他人赋予的，用以代表他人。如果没有他人的"允许"就行使这种权力，那就不是行使权威，而是欺凌——不公正地行使权力。

- **向上赋权。**权力不是向下赋予的，而是向上赋予的。那些有幸走上领导者岗位的人，最好反思一下这一点。

- **让他人来决定。**领导者不应该把重点放在将管理者和员工的意见纳入决策中，而应该把重点放在创造环境，让获得权力的人能够做出成功所需的决定。

- **来自权力的力量要得到公正的使用。**我们有责任公正地行使我们所拥有的权力。

如果你想更好地利用你所拥有的任何权力或力量，需要做到以下几点。

- 坚信人人生而平等。
- 记住自己所拥有的权力是他人赋予自己的。
- 以你希望他人对待你的行为方式来对待他人。
- 理解并尊重他人的目的（目标），并利用这种理解来决定你如何对待他们。
- 将你为别人制定的守则同样适用于自己。

小结

　　我们已经探讨了赋权、权威和权力之间的关系。要想成为更好的领导者，就要以不同的方式思考和行动，并利用权力来创造环境，让被赋权的人能够蓬勃发展。扪心自问以下问题，并努力把它们放在优先考虑的位置。

- 我如何才能加强对他人而言重要之事的理解，并利用这种理解来联结人们，并为他们创造机会？

- 我怎样做才能让他人更容易地完成自己的工作，塑造自己的工作方式，发挥自己的优势和热情？
- 我需要做什么才能为我身边的人的自然的好奇心、创造力和技能的发展而消除障碍？

在下一章中，我们将探讨在创造让他人蓬勃发展的环境时，我们的沟通方式会如何阻碍发展，以及需要如何改变。那种认为你的级别越高，你知道得就越多，而你的工作就是确保别人理解你所知道的并根据你所知道的采取行动的想法，是与我们关于如何学习、如何理解和如何行动的观念背道而驰的。

注释

1. Hobbes, T, *Leviathan*(1651).

2. Kant, I, *Groundwork for the Metaphysics of Morals* (1785).

3. Smith, A, *Moral Sentiments* (1759).

4. 康德的确对"绝对义务"进行了定义，比如不杀人，这是我们一直以来所具有的义务，而"非绝对义务"是一个人应尽其所能去做的，比如做慈善。

07

第 7 章

含义和沟通

在上一章中谈到，我们需要转变对赋权的思考，并专注于创造被赋权的人能够蓬勃发展的环境，而其中一个关键因素就是我们的沟通方式。人们需要独立的空间来创造属于自己的意义。然而，我们经常看到一些本意良好的领导者，为了追求清晰，只是简单地告诉大家应该怎么想，为什么要这么做。

基于三位哲学家爱比克泰德、大卫·休谟和乔纳森·海特的观点，我们将探索"指示"这样一种沟通方式如何在无意中破坏了人性的核心——我们对自身意义的寻求。我们将看到，当我们无法理解人类寻求对所处环境的理解并为自己创造意义时，会造成何种损害。我们将解决这些问题和挑战——领导者的工作不是通过出色的沟通艺术告诉人们该怎么想或怎么做，而是为他们创造一个空间，让他们创造属于自己的意义，从而配合其采取协调一致的行动。我们的客户经常向我们诉说员工们的抗拒、缺乏对政策的认可或者不愿意站出来独当一面等现象，但是根据我们的经验，这些现象都不能代表正在发生的事情。问题在于领导者的沟通方式。

层层传达

有一次，我们按照要求聚集在市政厅参加每季度一次的公司全员大会。首席执行官通过一则特别委托制作的视频和一套完整的幻灯片，宣布了新的战略重点和运营模式。各种方框和箭头描绘了"目前"和"未来"的业务单元结构。最后，新的口号"超越地平线：为更好的未来而创新"被打在屏幕上。首席执行官提醒大家，要想让组织更具创新力，文化等方面都需要改变。"超越地平线"就是要大家努力去开拓新的领域。

接下来应该是计划时长为 15 分钟的问答环节，由于首席执行官超时了，该环节被缩短为 5 分钟。他先回答了两个问题，然后对时间不够表示歉意，并邀请大家使用专门设立的"Ask_the_CEO"邮箱继续提问。最后，首席执行官嘱咐所有管理人员要将重要的最新情况层层传递给各管理层级，并将可能出现的问题反馈给中央沟通小组。他还向所有人保证，任何意味着裁员的关于公司重组的传言都是讹传。在接下来的几个月里，经理们将通过层层传达和沟通来强化"为什么"和"做什么"，确保每个人都能"接受"新的运营模式。志愿推动变革的人员将会被任命到各个业务单元提供支持，人人都可以申请。会议正式流程顺利结束后，每个人都带着免费的赠品笔和印有"超越地平线"的帆布袋参加启动仪式。

这看起来是不是很熟悉？虽有细微的变化，但这仍是促进理解以推动集体行动的主流因素：精心布置的公司全员大会会场，经过策划的信息管理层级，以及（被期望）有说服力的变革推动者网络。

让我们探究问题的核心。如果我们仔细观察，就可以发现：对于每一项不同的活动，我们都可以识别出一个隐含的规定，即"你"应该怎么想、怎么理解、怎么做。我们称之为"指示"方式。尽管并不总是公开的，但"指示"是大多数组织为了推动协调一致的行动所使用的方法的核心。

那些职位更高的人已经决定了需要做什么，对他们来说，重点是让其他所有人都理解、同意并采取行动。但是，这样的做法有什么影响呢？领导团队熬夜排练公司全员大会的演讲内容，并为了要掌握所有问题的答案而感到焦虑。其他人则不知所措，只能听从摆布，但并不明白这一切对他们意味着什么。当然，对于任何一个试图创造更有益的变革的人来说，在组织中努力促进员工对想要实现的变革的理解，并确保长期持续的行动承诺，是非常正常且自然的——这些的确是当今领导者的首要任务。但正如我们将要看到的那样，这种常用的沟通方式只会破坏创造力、多样性和对行动的承诺。

为什么"指示"会如此具有吸引力

让我们来探讨一下为什么"指示"这种方式会在全世界如此盛行。我们对高层领导者如何执行战略进行的一些研究揭示了这个问题的答案。我们对高层领导者在执行战略时最常采取的是何种行动很感兴趣。我们发现，其中 89% 的人做了以下三件事中的一件。

1. 改变组织结构——谁向谁汇报。

2. 改变谁对什么负责，谁能做出相关决策。

3. 引入新的流程，使事情能够顺利进行。

这是不分行业的全世界通行的"逻辑"。这并不奇怪，因为我们都有对确定性和闭合性的需求。人类的天性就是喜欢和有形的，自己可以界定和监控的东西打交道，当有些东西是无形的，我们会尽力让它们成为有形的。当知道要做什么，并且可以很容易地看到并衡量我们的进展时，我们就会觉得一切尽在自己的掌控之中，这让我们感觉良好。

我们的研究的第二部分探讨了一个截然不同的但可能更重要的问题——是什么阻碍了战略向行动的转化？我们再次发现了全世界通行的"逻辑"：无论在何种行业和文化之中，都是缺乏人际互动的。

我们能够直观地发现最大的障碍是什么——组织之中缺乏人与人之间的互动，领导者却仍然选择专注于改变结构、流程和决策人。这是一个有趣的现象，我们称之为"有形的暴政"。

有形的暴政与控制的谬误

当开始与领导者探讨这种"知行不一"的问题后，我们发现了问题的关键所在。领导者担心，如果他们"取得"了控制权这件事没有被大家看到，他们就会"失去"控制权，他们认为维持控制权的最佳方式是更有效地执行对结构、流程和决策人这三者之一的改变。有形事物不可抗拒的吸引力是由我们天生的欲望所驱使的，我们希望能感觉到自己对所要承担的责任的控制。这是有道理的，我们大多数人都希望能够直接感觉到自己工作做得很好。当然，错误在于，虽然我们看起来对结果的控制力很强，实则不然。

在大多数组织中都可以观察到员工对活动和沟通的控制的反应。其反应包括焦虑、被动和依赖——通常被领导者简单地认定为"抗拒"。但是，这些都是自然反应，而且也不能说明人们对组织变革的投入和参与程度。焦虑降低了我们探索、创造、合作的倾向以及对外部的关注。我们的视野缩小了，变得对威胁很敏感，人际风险也随之变大。领导者会抱怨士气低落。人们显得抵触和抗拒，他们会问很多问题，或者根本不问任何问题。事实是，当没有机会弄清某件事情

（变革）的意义，也没有机会与自己所信任的其他人一起弄清这件事的意义时，我们都会有不安全感。

变革举措通常都是时间紧迫的，这是我们经常被"指示"方式的速度和即时性所吸引的另一个原因。当领导者需要将他们精心设计的话语转化为行动的时候，他们往往会发现情况恰恰相反。尽管他们迫切希望并鼓励每个人"主动出击""挺身而出"，而不是"等着被指示"，但他们会发现情况恰恰相反：人们变得很被动，他们期望领导者拥有所有的答案，而当没有足够的细节或者充分的解释信息时，困惑就会出现。这种现象是"指示"方式的核心，即"传达－接收"结构的结果。层层传达的沟通模式的本质就是"传达－接收"结构，它造成了一种消耗（而不是创造）反应。尽管领导所表达的话语可能会敦促人们积极主动地进行创新，但这种方式（广播式的告知和指示）会强化人们"等待进一步指示"的反应。当人们在等待进一步的信息和明确指令时，由此产生的不协调会导致员工的不作为和依赖性。

我们的行动方式永远胜过我们所说的话。下次你和一大群人在一起的时候，可以尝试这个小试验——请每个人伸出手来摸自己的脸颊，同时仔细观察你。在你说这句话的时候，伸出自己的手去摸自己的下巴。99% 的人都会学着你的样子，也去摸自己的下巴。作为人类，我们天生对行为的反应比对语言的反应更强烈。无论领导者是怎么说的，身居高位者的重复行为远远胜过最雄辩的言辞。

被误解的抗拒

抗拒来自焦虑。在变革过程中，焦虑和不信任的程度很高，因为领导者没有给员工足够的时间让他们自己去理解环境。员工的被动性和依赖性很高，因为他们已经设定了期望，认为领导者拥有一切问题的答案。所以，我们发现员工很困惑、茫然，也很被动。这两种状态很容易被误解为抗拒——人们会提出很多问题，提出替代性的观点或解释，并且不同意对方所提出的。不幸的是，对于被误解为抗拒的行为，领导者典型的反应是给出更多的"指示"——解释和说明为什么某件事情很重要以及"你"需要做什么。这种误解的影响是，它只创造了忙碌的"蜂房"（工作环境），却没有创造什么价值；更多的时间被花在了"管理"员工的抗拒行为上。这种对抗拒的误解和误读使人们对不同观点的潜力视而不见，而此刻正是最需要不同的想法和观点的时候。与其试图管理人们的抵触情绪，领导者不如创造一些方法，让员工有空间去影响决策并分享不同的观点——在变革时期，观点上的差异不仅是好事，而且是必不可少的。

领导者直接告知员工自己认为什么是正确的，以及自己认为他们应该做什么，而不是为他们创造一个空间，让他们创造自己的意义并决定要做什么，会产生众多不利的影响。

- 焦虑——对未来感到不确定和担忧。
- 依赖——感到无法做出决定，期待领导者给予行动许可。
- 被误解的抗拒——不同的解释和经验被认为是对新想法和新方法的抗拒。

你在自己的组织中发现这些症状了吗？

我们是如何变成这样的：全能领导者的崛起

做出计划和行动，从而让我们以为自己能够控制更多的事情，这不仅是诱人的，而且似乎是不可抗拒的。我们大多数人都被教导：如果我们努力工作，专注于我们想要实现的目标，好的结果就会随之而来。我们被鼓励专注于我们所"投入"的东西。传统意义上，那些被认为具有领导素质的人会被认为对一切问题的答案了然于胸，不仅知道该怎么做（拥有专业知识），而且能令人信服，让人相信他们就是正确的（基于理性进行说服）。专业知识和理性是权威的特质，重点是个人能够做出何种成绩。

如今，在我们所处的复杂世界中，我们需要不同的特质。领导者面临着要在一个季度内实现巨大的成本节约，或在一夜之间推出新产品的压力。并且，这些事情很少能通过简单地告诉别人该怎么做来实现。然而，我们发现我们的教育和期望所产生的"遗留问题"普遍存在。在高管群体中，我们看到领导者在不知所措中挣扎，犹豫着是否应该退后一步为他人的工作创造空间。这并不是因为他们不具备这样做的技能，而是因为他们担心如果这样做，会严重影响他们的领导能力。正是这种观念让高管一直停留在控制模式上。正是这种对专业知识、理性和个人成绩的迷信所带来的遗留问题支撑着"指示"方式。这使得有形的任务清单成为第一选择，因为其创造了掌控的假象。即使领导者意识到这种遗留问题并试图摆脱，也是说起来容易做起来难。

我们不应该否认，当他人和我们所处的环境保持不变时，改变自己是非常困难的，这需要巨大的勇气和专注。我们认识了一位名叫亚历克斯的领导者，他就在努力做到这一点。亚历克斯是一家商业街零售商的产品经理，他将丰富的行业经验与挑战自我、改变习惯的愿望结合起来。我们与他一起工作了 12 个月，发现他尝试通过高质量的员工互动化解存在于工作中的"有形的暴政"，我们在这个过程中充当了他的指导者和咨询者。

一个周五的早上，我们在 6 点 33 分收到了亚历克斯的邮件，他请求我们重新安排指导课程。8 点 30 分，我们又接到了他的电话，这次通话涉及更多的工作细节。他们其实在那个周一会召开紧急的产品会议，需要消化理解一系列幻灯片，并且为今后的讨论会议创建响应机制。这一天接连不断的会议意味着周末加班是必然的，他实在没有理由在这个时候用约一个小时和我们一起反思。那时，亚历克斯面临的最大挑战是，当环境和他人的期望与他试图改变自己行为的方式相悖时，他该如何应对。以幻灯片形式呈现的内容会让人不知所措，并且会影响领导者和员工之间真正的对话。当所有人都忙着进行准备工作并为接下来的会议中可能出现的问题准备相应的答案时，开展关于"前进方向"的讨论似乎显得很多余。然而，亚历克斯选择花一些时间进行反思，他意识到周遭对他的期望和压力正在引诱他回到"有形的暴政"中去。他并没有花一整个周末的时间根据自己的理性和判断提前制作幻灯片，反而选择给自己约一个小时的时间进行反思。在这段时间里，他叫来了三位将出席会议的同事，这三位同事的观点不尽相同。他向他们提了一个简单的问题："有哪些问题是我们本该提出来但目前没有提出来的？"他利用剩下的时间想出了三个非常棒的根本问题，在开展高质量对话的过程中，他可以不断回到这些问题。

> 相信我们是对的，并用理性来证明我们是对的，这是传统领导力理论中最重要的且未被承认的遗留问题。

基于上述内容，我们来分析一下"指示"这种沟通方式背后的思维假设。第一个假设是相信——如果你直接告诉别人该怎么做事以及为什么这么做事，他们就会恍然大悟。但是，无论你如何出色地表达你想要传递的信息，或者无论你使用多少张幻灯片来展示你的观点，人们很少会以同样的方式看待你的信息或观点。

第二个假设是认为只要人们理解，他们就会行动——任何试图戒烟或养成慢跑习惯的人都很清楚，这根本不是事实。"指示"这种方式并不成功，因为这种方式违背了作为人的意义——独立的实体，对正在发生的事情有独特的体验和个人的解释，并且明白什么是有意义的，什么是应该做的。在三位哲学家爱比克泰德、大卫·休谟和乔纳森·海特的帮助下，我们将探索我们与沟通、控制和建构意义之间的关系。

哲学能够告诉我们什么

爱比克泰德是希腊著名的斯多葛学派哲学家。他出生于奴隶家庭，因注重诚信和自制而闻名。今天，"斯多葛"这个词最容易让人联想到一种相当冷静的对世界有点疏离的表现。其实这种认知与古代哲学中的"斯多葛"的起源没有什么共同之处。斯多葛学派的核心是提醒我们世界是多么不可预知，并鼓励我们关注生活中我们能够控制的方面，而不是专注于我们不能控制的事情。斯多葛学派是由塞浦路斯的芝诺在公元前 300 年左右创立的，后来这一学派在公元一世纪流传到了智慧和政治生活的起源地——罗马。对爱比克泰德来说，斯多葛主义是蕴含在日常中的。哲学并不是理论上的工作，它需要大量的实践和认真的应用。可能正是这一点使得古代斯多葛学派的哲学家充满了多样性。斯多葛学派的哲学家来自几近所有可以想到的社会背景，其中最著名的三位是罗马皇帝马可·奥勒留、著名剧作家和雄辩家塞涅卡、爱比克泰德。将这三位截然不同的人联系在一起的是他们共同的理念，即无论他们所处的经济或社会背景如何，都要过好自己的生活。

斯多葛哲学学派

我们可以从爱比克泰德和其他斯多葛学派哲学家那里学到什么，从而帮助我们处理大多数沟通方式中隐含的控制取向呢？爱比克泰德认为区分我们能够控制的和不能控制的事情是人生中最关键的任务之一。这个任务十分重要，甚至拥有独立的命名——控制二分法。爱比克泰德认为，如果能够把注意力集中在我们能够控制的事情上，而不是我们不能控制的事情上，我们最终会经受更少的不安、挫折和痛苦。斯多葛学派将生活中我们能够控制的事情归结为我们自己的思想、姿态和反应。除此之外，虽然我们可能会对他人的思想和反应造成影响，但我们肯定不能控制或决定他人的思想和反应。爱比克泰德警告我们，如果我们要表现得能够控制这些事情，那么我们的行为是危险的。

> 如果你认为……那些本不是你自己的东西是属于你自己的，你将有哀叹的缘由，你会有一个糟糕的心态，你会开始指责神和人类……[1]

爱比克泰德的警告非常清楚：控制所造成的谬误不仅会导致内心的动荡，而且会导致吹毛求疵或是指责他人。最终，它会破坏人与人之间关系，而这种关系正是建构意义和确保长期行动承诺所需要的。

应用控制二分法最难的部分是认识到我们真正能够控制的事情有多少，并在我们的行动中选择放手："把我们能力范围内的事情做到最好，其余的随遇而安。"

正如我们前面所说的，控制的谬误非常普遍，以至于我们很难认识到自己何时落入陷阱。我们辅导过众多的领导者，他们真正理解了"指示"方式的内核，并尝试努力改变自己的沟通习惯，但他们还是陷入了规定别人应该怎么想、怎么感受的状态。这种规定和指示往往是隐性的。我们向员工进行询问，并不意味着我们没有对他们进行指示。我们在所有的有关员工活动的圆桌会议中都发现了这一现象——事情已经有既定的对策和答案了，领导者发出沟通信息，员工接收信息。这种沟通模式就是单向的指示。

通过下面两个问题，我们可以发现我们什么时候即将陷入"指示"状态。

- 我是否已经知道了我需要在这次谈话中得出的结论？
- 当人们表达不同的观点时，我是否会感到沮丧？

同时，有两个反思性问题可以帮助我们避免落入"指示"的陷阱。

- 我恐惧的根源是什么？
- 我可以从别人那里学到什么，能够有利于我们的理解、选择和成果？

最近，我们观察到一位首席执行官在与他的团队交谈时，正在模拟我们所说的"专家探询者"模式。在一次大型的全体员工会议上，他坐在大家中间，简单地提出了很多开放性的问题。他把自己的知识和智慧应用于开阔视野，以及最大限度地运用他人的智慧。"我们是否应该进一步减少包装中使用的塑料？大家是怎么想的？"他的作用不是要给出一个答案，而是要引发人们的思考，开启一场对话，让其他更了解情况的人能做出贡献。12 个月后，该组织开始推行最具创新性的"再利用"解决方案，以减少包装废弃物。

我们需要提醒自己，什么是我们能够控制的，什么是我们不能控制的。我们能够控制的是以下几项。

- 我们的意图。
- 我们要推动的进程（而不是守则！）。
- 我们的行为。

我们不能控制的是以下几项。

- 别人对我们言行的反应。
- 别人体验环境的方式。
- 别人的信念、情绪和偏见。
- 别人的行为。

看看上面的清单，想一想我们的举措在多大程度上集中于我们不能控制的事情之上？我们可以花更多的时间去做的事情包括以下几项。

- 反思并分享我们的意图。
- 了解并反思我们的行为。
- 推动一个让其他人能够相互建立联系并对环境做出自己的判断的进程。

我们可以从斯多葛学派那里学到两个关键的道理。

- 运用控制二分法，质疑我们自己，看看我们是在关注自己能够控制的事情，还是在关注我们不能（也不应该）控制的事情。
- 专注于促进一个特定的进程，而不是试图控制一个预定的结果。

让我们来总结一下。当领导者转达已经提前定义好的信息时，他们是在两个假设上开展工作的。

1. 他们可以仅基于理性就控制人们理解和相信的内容。

2. 这种理性的理解会激发人们的行动。

第一个假设建立在一个基本的哲学误区上，即认为意义可以基于理性从一个人"转化"到另一个人身上。基于乔纳森·海特的理论，我们将看到，意义的建构是一种活动，它驻留在每个人身上。第二个假设建立在哲学的错误观念之上，即逻辑激发行动。在大卫·休谟的帮助下，我们将看到，道德行动是由激情激发的，是基于与他人互动的关系过程发展起来的。

了解我们是如何达成理解的

你可能至少参加过一次这样的会议——大家在会议上似乎达成了共识和协议，但后来你发现人们只有在围着咖啡机、在停车场或共进晚餐的时候才会公开分享他们的保留意见。这个现象很重要，体现了人类进行意义建构的方式——我们是在理解世界的场景中，基于信息建构意义。

无论发挥多少劝说、逻辑和智力的作用，我们也根本无法战胜直觉的力量。如果我们的直觉感觉不对，我们会发现自己很难，甚至不可能承诺采取行动。我们需要记住的另一点是：建立自己的理解是一个基本的社会过程，我们是在与他人（特别是那些我们信任的人）的关系中建立理解的。下面，我们要借助现代道德哲学家海特的观点来帮助我们了解达成理解的社会过程。

作为社会过程的理解

在发展理解和决定如何行动的过程中，我们不断地做着决定。海特提出了这样一个观点：当面对新事物时，我们头脑中首先产生的是一种强大的直觉反应。我们的直觉在我们还没有意识到的时候就已经"发射"了，而且很可能是基于我们的头脑在现在和过去之间建立的联系。在此基础上，我们会对面前的这一切意味着什么做出一些判断。这些判断包括这是好事还是坏事，我们是应该害怕它还是拥抱它，以及我们应该如何应对。最后，只有在已经得出一些初步的结论之后，我们才会发展出一套推理的思路来支持我们的判断。

海特试图提醒我们，直觉是塑造我们接触信息的方式的最重要的一部分。

我们要对海特的思考做三点补充。以下这些都是我们的心智会根据直觉探索的事物。

1. 情绪——这让我感觉如何？（尽管可能不知道缘由，但我们会对自己的直接反应有感觉。）

2. 偏见——此时此刻的我自然而然地被什么所吸引，是机会还是威胁？

3. 经验——我以前见过或经历过什么与此性质类似的事，那是一种怎样的经验？

如果仔细留意下一次你所参加的会议中人们的互动，你会发现，大多数时候人们似乎都是在理性的层面上进行互动。理性是商业的国际语言，所以我们最可能以这种形式来分享我们的观点也就不足为奇了。领导者不太会公开谈论自己的情绪、偏见和经验，更不会谈论自己的判断，而这会产生很严重的后果：如果我们用理性来面对理性，而从不探究理性之下我们所做出的判断，或者导致我们如此判断的情绪、偏见和经验，我们就会直接碰壁。我们很少会仅凭自己的理性去改变别人的理性，我们只能从探索和检视他人的直觉开始。如果思考一下大家在咖啡机边、停车场里或晚餐桌上的谈话，我们会发现，这些都是我们与我们信任的人分享、探索和检视直觉（情绪、偏见和经验）的例子。这正是关键点。我们通过与我们信任的人分享我们的直觉来建立理解，甚至有时会就此改变我们的判断。当我们这样做时，我们可能会看到看待事物的新视角。我们不会因为理性层面的原因而改变我们的直觉判断，即使我们可以在一段时间内做出让步，但也只会是在表面上跟他人达成了一致，后续很少会付诸行动，因为我们内心深处并不认同这样做。

那么，我们能从海特那里学到什么呢？

- 我们不能仅仅通过理性和理智来说服人们改变主意。
- 情绪、偏见和经验是我们理解新事物的核心。
- 感知建立和意义建构是关系互动中所需要的反复过程。

> 真正的进步需要我们公开分享我们的恐惧和直觉，而不是因为拥有恐惧和直觉而被贴上抗拒的标签。

通往意义之路

如何才能使得个人对组织面临的集体挑战形成自己的认识，并赋予与自己有关的意义呢？在解决这个问题的过程中，我们经常会陷入两个陷阱。第一个陷阱与我们建立组织对个人而言的意义所需要花费的时间有关——我们所要经过的历程很长，而我们经常低估这段历程的漫长。有一位首席执行官对中层管理人员不愿意在组织面临困难的时候主动行动而感到沮丧，他用了将近 9 个月的时间关起门来吸收背景知识、寻求建议并试图将他的想法和感受落实下去。然而，其他人没有这么做，也不愿意接受他给出的结论。于是，他对这段历程进行了反思，回顾了早期他与他的顾问一起举办的研讨会，这些研讨会激发了他的思考——当时他被给予充分的空间去处理问题，同时他拥有一位他很信任的首席战略官，能够与之共同规划事务。他承认，他能够自信地采取行动的能力不仅仅源于认知上的经验，也源于他所经历的情感历程。

作为首席执行官，他的工作不是掌握所有问题的答案，也不是基于等级制度来指挥和控制员工的行动——他的工作是为每个人创造空间，让他们对集体的需要建立自己的认识，并在自己对集体的贡献中找到属于自己的意义。

当领导者自信地分享"为什么这么做？"和"这件事是什么？"的时候，就像我们前面提到的市政厅的会议一样，他们往往有相当长的时间来分享、重复和构建他们针对企业的对策。他们有时间与他们信任的人探讨自己的直觉和判断，但这种机会是其他任何人都很少有的。一旦领导者决定了企业前进的方向，似乎就没有必要与其他人重复整个与感性和认知有关的过程，而领导者这样做是为了节省时间，认为简单地告诉员工他们需要做什么来实现企业的目标会更好、更有效。不幸的是，事实并非如此。

第二个陷阱与行动不到位时的情况有关。第二个陷阱可能是第一个陷阱的结果——人们把精力集中在试图改变别人的经验之上，而不是理解他们的经验之上。比如，领导者会向员工灌输"你按照指示去做，对你的好处是什么"这类信息。虽然领导者的意图是好的，希望帮助员工看到任务的积极面，但是我们只需稍微反思一下海特的思想就会发现，理性是无法与经验抗衡的。更重要的是，这种方法削弱和忽视了每个人作为个体的生活经验，以及他们自己的见解、观点和想法。甚至可以说，它扼杀了个人对集体的贡献。

采取行动的承诺

另一位认为"情感"比理性更有力量的哲学家是苏格兰哲学家大卫·休谟。休谟对定义抽象的或理论性的信条不感兴趣，因为在现实中没有人遵守这些信条，他对观察人类的真实情况很感兴趣。在他的著作《人性论》中，休谟一反哲学常识，主张"支配道德行为的不是知性，而是感觉"，[2]这个论点是感性主义或道德感理论的核心。休谟认为，道德行为和不道德行为的区别是通过对经验的情感反应识别的，而不是通过客观原则或适用规则识别的。

休谟通过观察人们的交往方式，得出了"理性是激情的奴隶"这一结论。他所说的"激情"，是指我们所定义的情绪、本能和欲望。他之所以说"奴隶"，是因为认为我们的理性主要是为了维护我们的激情而存在的（理性是用来保护我们所关心的东西的工具）。如果遵循休谟的思路，我们就会发现，理性远非我们想象中那样，是我们进行选择的核心，理性是事后的，它是为了证成我们和保持我们的激情而存在的。仅仅依靠理性，并不能激发人的行动，相反，我们会因为无法与他人的激情相互联系，从而让他人对我们的论点感到无聊并表现冷漠。这是因为我们首先忽视了对他人的激情的挖掘和检视。我们可能会询问他人的想法，或者询问他人做某事的理由是什么，但我们不太可能询问他人的意图、愿望或感受。人们的感受和他们希望为人所知的东西，而非他们被告知和灌输的内容，是行动的驱动力。

能够体现上述观点最著名和最令人震惊的例子之一是医学上的一组统计数字，即只有 10% 在心脏搭桥手术后恢复过来的病人会对他们的生活方式做出必要的改变以保持健康。这不太可能是人们缺乏对后果的了解而导致的。更靠近事实的是，重大生活方式的改变需要一些身份上的巨大变化——你是谁，你为人所知的身份是什么。这需要在情感和我们的身份（我们希望自己和他人如何）之间建立联系，如此方能以长期行动的形式致力于培养新的习惯。

> 理性无法单独成为任何意志活动的动机，同样
> 不能制止意志作用或与激情争夺优先权。单纯的理
> 性不能促使我们采取行动，行动的冲动本身必须来
> 自激情。

——大卫·休谟

大卫·休谟的三条经验

- 理性并不能推动行动——行动的驱动力来自激情。
- 激情来自与他人的经验分享和互惠的接触。
- 理性可以作为激情的面具。

休谟所说的激情并不是固定的实体，其随着我们的生活而发展变化，并受到我们对世界的体验的影响。激情产生于与他人分享经验和相互接触的过程中，我们将在第 8 章中进一步地谈论这个问题。

一种新的方式：建构意义而非灌输意义

到目前为止，我们通过多位哲学家来阐明我们过去所使用的沟通方式的缺陷。现在我们将利用他们的智慧，塑造一种新的沟通方式。

鉴于我们无法控制人们的理解，我们需要从试图给他人"灌输"意义和感知（并在此过程中"异化"他们，使他们只能成为"受摆布"的对象）转向为人们创造机会，让他们共同理解。

基思是我们的一个客户，他把上述三条来自休谟的经验运用到了他建立的一个价值数百万英镑的转型计划中。他从斯多葛学派那里了解到，他只能够控制他想要促成的进程，而不是结果；他从休谟那里认识到个人激情的力量；他从海特那里认识到直觉在先，理性在后。基思的工作是要极大地改变 1000 名员工的工作环境。当办公室变成了开放式的公共区域，公司也需要进行重大的文化转变。他没有根据自己的专业知识、经验和非常详细的项目计划来告诉大家会发生什么，他认识到他必须带领员工开启一场情感之旅，涉及恐惧和焦虑。基思明白，他必须与人们的情绪、偏见和经验建立联结，而不是基于理性"指示"他们应该接受这样的调整。他做的最有影响力的一件事就是让员工直接开始自己的新体验——在新的环境中体验一种积极情绪。他打造了一个模拟的办公环境，员工可以参观、体验，坐在新椅子上，触摸地毯。这听起来是一件小事，但它产生了巨大的影响。此外，他没有使用幻灯片来向大家灌输公司转变的好处，而是让大家分小组讨论，邀请他们说出自己的恐惧和担忧——他不仅想听他们的意见，以便制订更好的解决方案，他还想为他们提供应对问题的空间。他明确了那些不可谈判的问题，但在其他一切问题上他都要求员工提供帮助并投入其中。结果，员工在这个过程中建构了自己在这场转型中的意义，恐惧慢慢变成了兴奋。

创造一个"一切皆有可能"的空间

当我们问领导者，如果他们让员工参与定义未来，而不是简单地告诉员工已经得出的结论，他们会害怕吗？会害怕发生什么？他们的答案中出现最多的是害怕"一切皆有可能"。然而，当我们询问同一批领导者，他们在组织中最需要的是什么时，他们的答案是更多的创造性、创新力和灵活性，而这些东西根据定义则恰恰需要一个"一切皆有可能"的环境才能出现。我们应当对任何相信自己是对的且一意孤行的人保持警惕。要想蓬勃发展，组织比以往任何时候都更需要多样化的观点，而不是让每个人都被某一特定的见解、方法或计划所说服。在下一章中，我们将以此为基础，探讨我们的参与方式是如何扰乱我们对员工的服从和承诺的需求的。

小结　对我们每一个人来说，这一挑战是重大的。它要求我们承认并质疑全能领导者的存在，这种领导者需要提供所有问题的答案，并背负他人的期望。

我们需要认识到有些事物是我们无法控制的，只能顺其自然。我们要把精力集中于拥抱新兴事物，因为它们意味着"一切皆有可能"。当人们拥有空间去创造属于自己的意义时，他们便定义了通往集体行动的道路。与其不断地告诉别人我们的想法，不如怀着以不同的方式看待事物的美德，创造出更多人性化的工作场所，让员工、思想和业绩都能够得到蓬勃发展。

问题

1. 你的精力和行动在多大程度上投入了你能够控制的事情之中（你的意图、行为和你能够促进的进程）？

2. 你隔多久会花时间去深入挖掘和理解别人的感受（他们的情绪和经验）？

3. 你如何才能展现出一个需要帮助的也会犯错误的领导者形象，而非一个对所有问题都给出答案的领导者形象？你如何让其他人也能够保持相同的状态（不给出所有问题的答案）？

注释

1. Epictetus (c. AD 125) *The Enchiridion*, various editions.

2. Hume, D (1738) *A Treatise of Human Nature*.

08

第 8 章

从参与到相知相交

在上一章中，我们了解到有必要改变常见的沟通方式，并为人们表达想法、实现目标创造空间。在本章中，我们将讨论一个与之相关的主题：参与度[⊖]。关于参与度，我们在寻求答案时同样"找错了地方"。想要让工作场所变得人性化，我们需要与他人建立真正的联系。

在哲学家马丁·布伯的帮助下，我们将探索如何从"只会衡量员工参与度、将他人当作达到目的的手段"的做法，转变为"在我们的思想和工作议程中为与他人进行真正的交流（交心）创造空间"的做法。有时我们仅将他人视为实现目的的手段，只是寻求让他人"参与"到我们的议程之中，而这种做法实际上会造成很大的损害。在这一章中，我们将迎难而上，展示真正的领导者的工作并不是让人们参与到工作议程中或衡量人们对工作的投入程度，而是创造一个空间，让所有参与者相知相交——这种交流对个人和组织来说都是极具变革性的。

⊖ 即敬业度，在本章中，为便于理解，此词译作参与度。——译者注

年度参与度调查

下面的案例来自一家与我们进行合作的公司。

年度参与度调查报告终于发到了高层领导团队的邮箱中。首席执行官收到了数据，松了一口气。这是动荡的一年：市场变化多端，员工士气低落。

16 周以前，公司大多数人终于完成了一项有 50 多个问题的问卷调查，而这还是在人力资源部门的苦苦恳求和极力说服下才做到的——"你的意见对我们来说真的很重要！"

在各部门堆积如山的条形图和难以分辨的数据集合中，一个令人困惑的统计数据显得十分醒目：员工对高层领导团队的信心指数仅为 32%。"什么？竟然只有 32% 的员工认为我们高层领导团队有能力带领公司并提供员工所需的指引。"于是，报告的其余部分都变得不再重要了。首席执行官立刻召集了人力资源部门的领导者和团队成员，举行了一场紧急秘密会议：公司需要一项行动计划。那么，具体该做些什么呢？高管寻求了建议，咨询了顾问。时间就这样渐渐流逝，公司里的其他员工慢慢地忘记了这件事。几个月后，这份调查报告的"净化"版本发布了。报告宣布，高层领导团队将致力于在两年内达到 25% 的参与度指标，同时公司将建立一系列新的 KPI 考核制度以确保完成指标优化。

对于大多数组织而言，进行年度参与度调查就像在墙上张贴公司价值观一样司空见惯。高层管理者每年都会进行类似的调查，以此来强调自己对员工参与度的重视程度。实际上，调查员工参与度已经成了一个产业，而且是一个蓬勃发展的产业，每年都有更多的参与者投入这个市场之中。2018 年，领英斥资 4 亿美元收购了员工参与度调查领域的龙头企业 Glint。然而，这些调查实际上会对一个公司的员工参与度有什么影响呢？

　　在本章中，我们将在马丁·布伯的帮助下从哲学的角度重新审视参与度的问题。我们将探索参与度是如何被审视并整合进领导实践中的，并研究这个过程背后的原因与动机。同时，我们鼓励你依照这个议题对自己的生活和工作进行反思。在进行哲学角度的探索后，我们将把我们得到的结果和一些经典的提高参与度的方法进行对照，并将（不幸地）了解到为何这些方法实际上会进一步降低员工对公司的参与度。在本书中，我们将会为你提供一些不一样的观点——你将会发现，如果不再关注如何让别人"参与"到你的议程之中，而是将注意力集中在人、观点和业绩的蓬勃发展以及人际交流能力的提高之上，情况将得到极大的改善。真正的"交流"是一种更高层次的联结，它触及我们作为人类的核心，与人和人之间的关系息息相关，而这正是"参与"的定义和本质。

　　让我们回到本章开头所说的故事，并设身处地想象一下故事中员工的经历。毫无疑问，高层领导团队在这种情况下将感到压力重重，并认为自己需要承担责任，但他们不确定该采取什么行动。他们能做什么？他们应该做什么？员工期望看到高层领导团队行动起来，但是"行动"又该从哪里开始？最终，高层领导团队还是（无意间）采用了同一套机制，并再次得到了他们之前试图改变的结果。在相信"测量数据是有用的"这一基础上，他们不停地试图提高参与度数据，设置了参与度 KPI 来遏制焦虑，却没有意识到设立 KPI 本身就会造成焦虑蔓延、降低参与度并阻碍或破坏自己试图完成的事业。

让我们再考虑一下人力资源部门所面临的情况。首先，他们需要说服公司重新完成调查——考虑到上次调查的结果所带来的冷嘲热讽，这绝非易事。而在高层领导团队听到坏消息或不尽如人意的数据结果后，人力资源部门将承担全部后果，夜以继日地工作，将报告和数据修改得尽可能"易于接受"，而这会使今年的年度报告不得不推迟发布，最终导致人力资源部门名誉受损……他们精疲力尽，处在战线最前沿，唯一的感受是受尽指责且孤立无援。那么公司的其他成员呢？在最好的情况下，人们会认为这种调查仅仅是分散注意力的把戏，而在最坏的情况下，这将大大折损员工为公司投入的精力和做出的贡献。

为什么要这样做呢

关于参与度调查的目的，最常被人们提起的是确定"员工对公司的心理投入水平"。然而，从亚里士多德到康德，哲学家们普遍认为"参与"仅仅是一种人类的状态。人类学家兼作家约瑟夫·亨里奇（Joseph Henrich）曾说，人类作为一个物种能够成功生存的秘诀，正是具备在思想上与其他个体进行社会性互动的能力。因此，我们的思想天然需要与其他思想进行互动。作为人类，我们为做出有意义的贡献而努力奋斗，试图参与到比自身存在更重要的事业当中。我们最为"人性化"的时候，正是我们共同努力实现目标的时候。

专注于参与

参与，特别是利益相关者的参与，是传统商学院课程的一个核心组成部分。据说，这是将一项伟大的全球战略转化为切实行动的关键，是实现文化变革和组织创新的基础。作为作者，我们花费大量时间为团队和领导者提供指导与咨询，教他们如何应对相关挑战。无论是使同事之间建立联系，还是像本章开篇中的首席执行官一样说服组织余下68%的人对他的领导力充满信心，参与都是首席执行官议程的重中之重。专注于参与是有道理的，因为我们认识到我们根本无法独自完成工作。

你的议程值得吗

最近，在一次研讨会上，我们进行了一项练习，邀请参与者使用肢体语言来表示他们与一个概念或人之间的关系。我们要求参与者思考并找到一种方式来表示自己与新提出的组织战略之间的关系。例如，放置在房间中央的椅子代表组织战略，我们请参与者摆出一种姿势来表达他们对组织战略的感受。一位参与者站在离椅子尽可能远的地方，认真地看向窗外，并且背对着椅子（以及其他所有人）。

接下来的讨论提供了有关如何看待参与的有趣见解。上面那位参与者的动作随即引发了讨论：她为什么会这样做呢？她是否知道其他人也有这种感觉？她在计划一场"政变"吗？这些参与者的反应，可以揭示两件事。首先，他们明显不愿意接受和厘清刚刚在练习中被生动揭示的现象——他们的同事用肢体语言所表达出的"疏离感"。其次，团队中的其他成员希望快速处理、缓解和管理这种完全"脱节"的状态——当然，这只是一种选择。另一种选择是开诚布公，打开对话的窗口，抓住机会探究每个人对战略的理解，并从中学习一些可能提升战略本身的东西，但这种方法被忽略了。正如我们在第 7 章中探讨的那样，当我们处于压力之下时，经常会诉诸一些习惯，而这些习惯其实并不利于学习与提升。当我们将情感视为一种不守规矩的力量，把它放在一边时，我们便可以专注于内容或"事实"，以防止我们的计划被破坏。

在研讨会中场休息的时候，业务发展部的负责人和人力资源部的负责人向我们这些"外援"咨询：如何让我们的同事"参与"到公司的未来发展之中？有人绝望地说，作为领导团队的一员，她（那位在练习中显得与战略十分"疏远"的参与者）本应该参与并致力于这项工作。我们本能地回应道：这是为什么？她为什么应该这样做？随之而来的是一片沉默。无论是业务发展部的负责人还是人力资源部的负责人，都无法回答为什么。令他们陷入沉思的问题是：我们是应该努力说服员工，还是应该努力学习他们的想法？

我们是否足够正视这类困境？我们是否意识到，"我们有权利要求别人参与到我们的议程之中"其实是一种自以为是的想法？要求或说服他人和学习体现的是截然不同的处理关系的方式。首先，要求或说服他人，前提在于我们的想法是正确的，然而正如第 4 章所探讨的那样，这种想法是罕见的，充其量是短暂的。其次，学习，是基于试验的理念，通过接触、实践和反馈，有意识地、持续地检验我们的真理假设。在第 4 章中，我们提出，战略是一系列的试验，我们在试验中学习并调整自己的信念。换句话说，我们会不断地踏上学习 – 寻求真理的旅程。如果你与同伴进行一次类似的练习，用肢体语言和隐喻来揭示自己于情境中的感受与个体差异，你可能会了解别人是如何体验事物的，也可能会了解怎样做才能最大化地拓展你和别人学习的内容。

我们经常使用的练习之一是，给团队出一个难题，这个难题乍一看似乎有一个明显的答案，但这个答案后来会被证明是错误的。一次，一名参与者（财务总监）直到最后都相信自己的答案是正确的，然而事实证明他错了。从那以后，他就一直向同事讲述这个故事："我了解到，即使我确信自己是对的，我也需要记住我可能是错的，我需要听取并探讨所有的解释和观点。"

"赞同"的麻烦

术语"参与"一词通常与"赞同"（buy-in）同义，是指让人们支持并致力于通常由高层领导者推动的具有明确计划和商业利益的倡议的过程。常见的问题是如何从其他利益相关者那里获得"赞同"，特别是那些对整体结果有影响的人，以及如何让更广泛的组织参与到领导团队的愿景之中。

几年前，我们中的一位作者担任一家全球零售商的转型负责人的顾问。这位负责人对自己的工作充满激情，全情投入，她管理着一个由有同样热情且聪明、高潜能的员工组成的庞大团队。很早的时候，我们就发现她有一个巨大的电子表格，这个表格似乎推动了她在整个业务中的参与活动。当想询问制作这个表格的目的时，我们发现它列出了整个组织的每一位高级经理，并分别对他们进行了相关的"RAG"状态的评估。对于那些不熟悉项目管理术语的人来说，需要明白的是，"RAG"是"red-amber-green"的缩写，用于表示与目标进展相关的状态。在这种情况下，组织的目标是"赞同"。想一想你的组织正在进行的一个项目，你能想象今天自己被"RAG"评估了吗？你的表现如何？假设根据你在最近一次会议上提出的挑战，你的状态被认为是"red"，这能否说明你在精力、好奇心和贡献方面为组织提供了一些东西？如果人们发现了这个电子表格，并发现他们的热情和投入被简化为名为"RAG"的状态，他们会有什么感觉？当然，这个电子表格是建立在一种"将参与作为说服他人同意的二步骤过程"的想法之上的——识别那些有问题的人，并在那些看起来支持的人的基础上为组织建立信心。这不是转型和学习的基础，这是一种风险管理方法。

参与不是问题

接下来需要引入我们的学习提示——参与不是问题。参与就是人的常态。除了当我们在精神上超过极限的时候，我们总是在参与。我们参与到他人、我们的家庭、我们的朋友、我们的邻居的生活之中，我们参与到我们的社区和我们的事业之中。在我们的组织中，我们所面临的挑战并不是人们没有参与。我们曾对 100 多个组织进行了一项研究，在 30 多个词语中，最常被选为描述人们感受的词语是参与、承诺和自豪。在同一项研究中，人们被要求从 30 多个词语中选择他们所处的组织的 5 种主导行为。在 80% 以上的答案中，组织的主导行为是等级制度、控制和顺从。参与度调查再次强调了这样一个观点：每当出现一个问题，就会有一个管理解决方案。但问题不在于组织需要更多的管理解决方案，而在于组织缺乏领导力，等级森严的控制方式反而妨碍了员工的参与和贡献。

快速回顾以下观点。

- 我们将参与视为一种需要管理的状态，而不是将它理解为人类的一种常态——一种与他人和我们的事业建立联系的状态。
- 我们把任何不完全同意的情况都误认为是"脱节"或

者"不参与"。

- 我们创造了一个专门管理参与度的行业，但这个行业本身并不利于我们将员工和事业联系起来以实现伟大的目标。
- 我们过于专注于试图说服他人，而不是向他们学习。

哲学告诉了我们什么

为了帮助我们将哲学的视角运用到关于参与的难题之中，我们将探讨马丁·布伯的思想，他是一位出生于奥地利的以色列裔犹太人哲学家，以其关于对话的著作而闻名。布伯受到尼采和康德的启发而研究哲学，但他拒绝哲学家的称号，并称他对纯粹的思想不感兴趣，而对个人经验感兴趣。布伯的《我与你》一书重点描述了人类存在，特别是互动。[1]布伯在1923年出版的这本书中阐述了他的观点，即与世界建立联系和互动有两种根本不同的模式。布伯将第一种模式称为"我－它"模式。在"我－它"模式中，我们作为客观的观察者与世界和其他人建立联系。我们有意识或无意识地专注于吸收可用于我们自己目的的知识，而这始终与我们自己的背景或目标有关。我们把他人当作实现我们目的的一种手段。在"我－它"模式中，我们通过感官收集数据并将数据组织起来，以便可以理性地利用它们。当然，很多时候我们都需要使用这种模式，这是生存的绝对必要。在很多时候，我们只需要把事情做好，把问题解决，能够预见并避免灾难即可。例如，当我们询问我们应该为自行车购买哪种类型的轮胎或者是否有人可以修理我们的计算机时，我们就在"我 – 它"模式的领域之内。"这一切对我来说意味着什么？"

第二种模式，布伯称之为"我 – 你"模式，这种模式属于关系的领域。在这种模式中，我们是积极的参与者，总是与他人发生关系，而不是彼此分离，我们接触的是对方的全部，而不是简单的个人品质的子集。最重要的是，双方都会因接触而改变，并在此过程中互利互惠、相互学习和发展变化。正是在"我 – 你"模式中，我们在人际关系中发展了自己的性格，并弄清楚了我们想要在这个世界上成为谁以及如何成为那样。

对于主流的组织参与方式，布伯有什么看法？他肯定会认为这是一种"我 – 它"之间的互动。参与度调查的使用和对"赞同"的关注是建立在"将个人定义和同化为一系列零件"的基础之上的。其中一些问题旨在综合评估一个人对组织指示的投入程度。他们投入了多少？他们会继续保持下去吗？领导团队能否得到他们的支持和忠诚对待？他们有多大的精力？在"赞同"的情境下，组织中的个人对我们的计划会有什么样的想法和感受？他们的观点对实现我们的计划有多重要？他们能带来什么技能、素质和能力？这些问题的答案对我、对战略、对整个团队而言意味着什么？这种"异化"会让布伯非常担心。在他的著作中，他提醒道，我们越来越多地生活在"它"的世界里，虽然意识到"我－它"模式是组织运作的必要条件，但当它成为互动的主导模式时，我们就有被"异化"的危险。

我们可以在第 7 章所反映的有关"指示"的沟通方式中发现相似的情形。"指示"员工他们需要理解的内容以及他们需要如何采取行动属于"我－它"模式，这种行为只会使得行动割裂、脱节并受到阻碍。

另一种选择：相知相交

那么，我们可以做些什么？我们需要将注意力从追求员工的参与转移到其他方面。在本节中，我们将探讨相知相交的过程及它和参与的区别。当我们遇见彼此，我们彼此学习，我们分享经验，我们通过互动而发生改变。当我们与某人交往时，重点在于目标和结果，在于交往的原因，在于说服力。通常，当我们谈及在我们的组织中需要更多的参与时，我们实际上是希望人们能够更多地致力于支持和积极追随我们的议程。然而，与员工相知相交是一种计划外的行为，常常带来令人意想不到的经历，通过这种经历我们会有所改变。如果我们寻求的是变革和创造，为了从我们与生俱来的与他人交往的愿望和我们的事业愿景中寻求互惠互利，我们就需要了解如何敞开胸怀，为彼此的相知相交创造空间。与其专注于我们或其他人的参与度，我们不如更好地反思并努力创造相知相交的机遇。每一天的每时每刻，我们都该如何与他人相知相交？他人又该如何与我们相知相交？

布伯认为，相知相交，存在于"我 – 你"模式的关系之中，是人类的主要状态，也是解决我们之间的疏离感的关键。我们可以把相知相交看成互惠的时刻，是每一个人被看到和被听到的时刻，也就是布伯所说的各方都有能力发生改变的时刻。在我们的组织环境中，这意味着我们从思考"我可以获得什么信息以及如何使用这些信息？"，转变为将某人作为实体来认识，在相知相交中，可能会涌现一些出乎意料的新事物。在相知相交的过程中，我们得以共同创造新事物，我们改变自己，同时改变自己的想法。

我们的同事梅根·赖茨教授（Megan Reitz）曾谈到关系型领导中的"事实与表面"之间的区别。[2] 达到相知相交的境界要求我们事实上相互认识结交，而不是进行表面上的结交。事实上的相知相交还要求我们处于关系之中。在当时的情境下，我们可以获得丰富的思考和感觉，并给予他人同样的机会进入我们的思考和感觉之中。这种交往不是静止的，而是通过完善的特质来实现的，它是持续的瞬间关系互动的过程。表面上的结交是对一种形象的选择性投射，几乎没有提供学习和转化的源泉，相反，缩小了互动的领域，使我们与经验脱节。这也是我们观察到的令领导者最苦恼的事情：如何放弃对他们应该如何的预设，放弃说服他人的冲动，以及拥抱相知相交这种模式所带来的变革力量。在一个由待办事项清单和邮件泛滥的收件箱所支配的世界里，人们有一种可以得到理解的冲动，那就是事情能够完成，打上钩，意味着"完成"。

在我们为英国一个大型组织的一群领导者举办的研讨会上，我们被要求重点帮助他们磨炼建立关系的技能。我们创造了一些场景，让参与者与一个由演员扮演的，与他们需要完成的任务有关的利益相关者见面。有两件事让我们印象深刻：第一件事是，大多数人把会面当作交易来对待，他们并不寻求了解这个人，而是寻求让这个人在如何帮助他们的问题上有所表示并确保承诺；第二件事是，许多人觉得他们"搞砸"了与演员的互动，此后便有了回避这个人的倾向。当我们探讨后面这个问题时，参与者的回答是，认为会面已经结束了，没有回头路可走了，这是一个一次性的事件，并不那么顺利，但还是要结束的。它就像待办事项清单上的一项任务一样，已经被打上钩了。但是，处于关系之中并不意味着经历一系列的事件，而意味着处于一种永久的动态状态。我们与参与者探讨了一种新的互动方式——与对方分享他们正在面临的情感挑战，并探索不同的关系模式。如果我们专注于事实上的相知相交而不是表面上的结交，那么人与人之间的关系就可以得到不断的发展、细化和加强。

来看一下以下几点。

- 参与、承诺和自豪不是问题，它们是不可或缺的人类状态，并且始终存在于正常的人类身上。
- 我们需要将注意力从参与转移到相知相交。在我们的思想和议程中创造空间，以拥抱一些意想不到的事情，这些意想不到的事情源于公开、真实和全心全意地表达我们是谁以及接受他人是谁。
- 我们需要记住这样一句话："我们不需要通过行为展示人类的外在价值，而需要体现人类的内在本性。"我们需要在当下，让其他人看到和感受到我们是谁，并试图了解和体验他们的真实状态。

我们如何与他人相知相交

在当今的组织中，面对目标和个人成就的压力，将我们的注意力从参与转移到相知相交是具有挑战性的，但也是可能的。我们中的一位作者曾辅导一家全球银行的资深领导者马克。马克的团队在年度参与度调查中得分很低，特别地，他们在建立组织战略和目标之间的联系方面得分不高。由于拿到参与度调查报告的那个季度的业绩也有所下降，马克承受了很大的压力。当他的上级们要求提供最新的进展情况时，他只好花越来越多的时间与他的团队开会。随着更多的 Skype 视频会议和每周一次的面对面团队会议计划召开，他的工作议程里塞满了会议。

当我们开始教练课时，马克认真地谈到他正在如何增加与团队面对面交谈的时间，以改善情况。我们问他是如何想到改善这种情况的，他表示自己很沮丧，因为经常要去赶路，不断地参加会议，以至于没有时间去思考。我们谈论了参与对他的意义。我们问他什么时候最能感受到与他人之间的联系，他说很难在工作中找到这种体验。经过这次讨论，马克决定做一个试验。他把他参加的会议数量减少了 1/3，腾出了更多的时间来思考。他取消了视频会议，找到了与个人非正式地、主动地联系的方法——他邀请一个人和他一起参加一个新项目的工作会议，他和另一个人去圣詹姆斯公园散步……他了解了很多关于他的团队成员的事情。他们热爱自己的工作，并且对组织忠心耿耿，他们的工作时间比马克知道的要长得多，这都是他之前从未了解过的。事实上，他们很投入，也很敬业。在这段时间里，他创造了与员工相知相交的空间，不仅仅是工作议程中的空间，更是他心中的空间，他获得了在头脑中为相知相交创造机会的时间，而不是像以前一样无暇思考。在工作会议上，他发现自己听得更多，说得更少了。他发现自己在想克里斯或山姆会说什么，上级们能不能听听他们的想法。马克不再试图与人们在会议上接触，也不再试图强迫他们与他打交道。他把注意力集中在相知相交上，集中在与他人相处，以及让他人与他相处之上。这样做的影响是相当大的。在最后一节教练课上，马克分享了他如何重新定义参与——他不再把参与作为一个需要达到的条件，而仅仅是简单地将参与视为在当下建立的关系。这改变了他对整个团队的感受，也真正提升了团队的参与度。为什么这么说呢？因为他和他的团队已经开始共同学习和创造了。

在我们举办的高管项目中，可以看到很多像马克这样的例子，这说明相知相交的力量可以加速学习并带来转变。无论是在与来自同一组织的人的合作中，还是在与来自世界各地、不同文化、不同角色、不同部门和组织的 50 人合作的公开项目中，我们都看到了通过相知相交实现的转变。我们看到人们以陌生人的身份开始接触，并以朋友的身份各自离开。我们见证了自发的、有意义的对话。这些人一开始只是一群独立的人，在几天之内就组成了相互联系的学习者社区。在来自同一组织的人组成的小组中，我们还听到了精彩的故事。彼此相识多年的人，会向小组成员透露（通常是在晚餐时），他们在第一天与首席执行官被分在一个小组中时感到非常惶恐，然后他们欣喜地发现她实际上是和他们一样的人。战略方面的领导者承认，他们一直误会了"IT 人士"——他们不是战略的阻挠者，他们也在"努力实现这一目标"。像这样的故事还有很多。当人们能够在事实上相知相交而不是在表面上结交的时候，人与人之间的联系和参与的内涵就会很丰富。在适当的条件下，参与自然会蓬勃发展。

基于与我们合作的许多项目、客户和社区，我们已经清楚地认识到能够促进相知相交并且需要领导层积极推动的要素。我们在下面总结了这些要素。

- **在场**。人们聚在一起的时间是相对紧张的，人们需要将注意力集中在彼此身上，不被其他需求分心或扰乱。在相处中，会议和电子邮件退居其次，人们有时间倾听他人，所以他们可以真正进入相知相交的状态。

- **人，而非角色**。参与者需要以自己原本的身份出现，而不是以自己的角色出现。每个人都可以在与他人的相知相交中分享自己的希望、恐惧、长处、弱点，与他人建立关系，并得到支持。相知相交是事实存在，不是表面功夫。

- **知晓人无完人**。没有人是完美的。领导者要做好准备，放下戒备，对自己的缺点和对他人的影响充满好奇。在这样做的过程中，他们才能卸下坏习惯，学习新的相处方式，以更好地服务于他们的领导工作。

- **关系，而非协议。**学习比达成协议更重要。人们怀着坚定的信念想要做出贡献，但人们应该知道自己可能是错的，别人可能是正确的。我们所有人都可能是错的，我们本来就是容易犯错的。

对领导力的影响

布伯认为，相知相交是解决我们之间的疏离感的关键，是针对我们对"我–它"模式的依赖的解药。相知相交也是我们作为个人转变的方式——基于与他人的关系，让他人看到并听到我们，而我们也能看到并听到他们。那么，我们如何将这种思维应用到领导力背景中呢？

首先我们需要认识到，相知相交是不可能预设的。相知相交往往是意外的。如果想从意想不到的学习中受益，我们就需要创造条件，让我们在生活中敞开心扉，并在我们的生活中留出空间。这就需要我们全身心地投入，与他人和我们自己的言语及情感联系起来，因为它们始终都在被表达、修正和重新表达，而不是被我们想听的东西所过滤和重塑。这意味着分享我们身边正在发生的事情（涉及情绪、思想、烦恼、梦想……），意味着摒弃刻板印象，放弃预测别人会如何回应、会怎么想，或者他们能给我们提供什么。在高度组织化的事务性组织中，我们很快就会形成关于他人的叙述，我们会对他们进行分类，并会很快创造出适用于每个类别中的任何人的单一叙事："IT 人员的问题是……""好吧，他会这么说，他是做营销的……"。相知相交是通过对话发生的，对话应当建立在人与人之间而不是类别之间——需要空间和坦诚。

约翰是一家社会企业的首席执行官，该企业致力于帮助学习障碍者找到有意义的生产性工作。在职业生涯的早期，约翰是企业的 IT 经理，并没有成为首席执行官的愿望。当时该企业有 500 台计算机，分布在 90 栋楼里，大约有 700 名计算机使用者。IT 部门算上约翰只有 3 名员工。这是一个非常繁忙的部门，企业中的大多数计算机使用者实际上并不精通 IT。

几年来，同事一直要求约翰考虑让 IT 部门吸纳招收学习障碍者。约翰坚持拒绝，用他的话说，他认为：

- 吸纳招收学习障碍者不是 IT 部门的直接职责。（"我们通过提供 IT 方面的支持来支持其他人履行职责。"）
- 我在吸纳招收学习障碍者方面没有直接经验。（"我不知道应该怎么做。"）
- 我们太忙了，无法在部门里对这样的人进行培训。（"这增加了工作量。"）

- 他能为这个繁忙的部门带来什么技能?("如果他有学习障碍,那他如何提供价值?")

但他的同事没有放弃。有一天,他们向约翰提出了一个非常具体的要求。用约翰的话说:

> 有人告诉我,有一个人,罗伯特,有学习障碍,他是摄影迷和游戏玩家。罗伯特 21 岁了,他想从事 IT 工作。但是,他非常害羞,有点容易退缩。他还有其他一些轻微的健康问题。

在与罗伯特的支持团队举行了几次会议之后,约翰终于被说服了:"那时,我必须对所有计算机设备进行人工审计,包括听筒和摄像头等小工具。"约翰接下来讲述了事情的经过:

> 我在罗伯特到达的第一天就见到了他。我们去喝了一杯茶,聊了聊兴趣、爱好和其他话题,以了解罗伯特在 IT 方面的技能基础。我花了整整一周的时间与他建立人际关系,与他一起开发一个他可以使用的审计工具,与他一起制定每天详细的项目时间表,并将他介绍给他在审计工作的前几周将要

见到的工作人员。我发现他对 IT 方面不熟练的员
工充满幽默感和宽容态度。我认为我们会相处得
很好！

　　在接下来的几周里，罗伯特开始在审计过程中
为员工解决一些小的计算机问题。在审计工作的第
一周，我安排了几次这样的互动，以建立他与其他
工作人员交谈的信心，而这样的互动在后来自主
地、偶然地发生了——罗伯特在记录序列号时，文
件打印出现了问题。在这段时间里，我把罗伯特当
作团队的一员。我提供的唯一额外支持是每天上午
与他见面，确认他当天的工作，下午与他见面，检
查他的进度。我确保他知道每天要与谁共进午餐
（根据地点预先安排），并告诉他在紧急情况下去哪
里找我。

　　5 个月后，审计工作完成了。罗伯特信心大
增，并且喜欢上了与其他工作人员互动。我提出了
升级计算机操作系统版本的新项目，这是必要且更
具挑战性的。我们花了一周的时间开发了一个大
型核对表，并附有辅助说明书，以便完成计算机的
完整升级。罗伯特在接下来的两周中使用备用计算
机，通过反复试验完善了核对表。随后，他就在现
场计算机环境中工作。随着时间的流逝，他变得越

来越熟练，开始接听电话，为其他工作人员提供各种形式的支持，与他们一起开开玩笑，嘲笑一些实在不擅长计算机的人，并且像 IT 部门的普通成员一样发挥作用。他的健康问题偶尔加重，但只要稍加休息即可解决。我把他当作普通工作人员一样看待。用社会角色价值化来定义的话，他现在是一名IT 工程师。

这次相知相交改变了约翰和罗伯特。约翰见证了一个以前被归类为学习障碍者的人，如今转变为一个有能力的人。这个人让他感动、惊喜，受到激励。这次经历使约翰开始认识到自己不仅仅是一名 IT 人员，更是一个对组织所提供的服务充满热情的人，并且有志于在某一天发挥更关键的作用。他现在已经是首席执行官了。罗伯特也认为自己不仅是一名游戏玩家，更是一名 IT 工程师。

真正的工作

一家全球零售商的副总裁给我们打电话说他需要帮助，他的团队在如何带领企业实现未来愿景方面意见不一致——他如何才能让他们参与进来，并迅速地采取行动呢？在信息不完全的情况下，我们开始对这 8 个人进行为期 6 个月的团队辅导培训。我们只关注他们之间的互动，因为我们知道这些互动会在整个组织中得到反映和放大。在第一次培训中，这个团队发现他们几乎不可能反思或注意到成员之间的互动，因为他们过于专注于交付给他们的 KPI 和他们彼此需要的东西。无论是质量、供应链还是采购层面，每个成员都在自己的领域里拥有卓越的才能，但他们没能拧成一股绳。他们处于一种蜷缩模式。在第三次培训中，我们开始看到一些人逐渐摆脱了他们固有的角色，谈话内容逐渐从目标和交付转移到内心的恐惧与脆弱性。性别、地位和特权这些内容也开始在对话中出现了。作为团队辅导者，我们正在慢慢地为相知相交创造条件，让他们"做自己"，并不断探索他们之间每时每刻发生的事情。后来，我们又进行了几次培训和大量的工作，直到出现了一个转折点——供应链负责人塞尔吉奥做出了特别卓越的贡献。

> 我以前一向对此直言不讳。如你所知，我一开始不明白我们为什么要这么做。我对于我们什么都不做，甚至都不看绩效数字这种行为感到很沮丧。我以为这些培训是一种过分的自我审视，我想继续开展真正的工作。现在我明白了，这就是真正的工作。我们之间如何联系是领导层的工作，而我们互动的质量是我们自己应该关注的。

改变我们的做法

我们在前几章中谈到的许多东西都会阻碍我们的相知相交：我们的沟通方式，我们的战略方法，我们的赋权方法……如果我们反思自己的思维，改变我们提出的问题，改变我们在组织生活的每一个领域的做法和习惯，我们就会在创造有益于相知相交的环境上走得很远。实际上，我们还可以走得更远。下面是一些关于如何打开我们的思路，为相知相交创造空间，与他人建立联系，创造共同的事业，开启伟大的事业的想法。

1. 重构会议。

- 将工作议程中的例会次数减半，或考虑取消所有例会。
- 取消你计划举行的所有会议的议程。每次会议开始时，先问一句"你的情况如何？"。不要试图寻求一致，而要寻求了解他人的观点，然后从他人的观点出发。
- 相信每个人都将通过学习来增加自己的贡献，从而提高集体绩效。
- 如果你不能信任别人，或许因为他们不是合适的人，而不是你没有准备合适的议程。

2. 尝试。

- 停下脚步，与你碰到的人交谈。

- 着手与人相知相交。
- 了解他人，而不仅仅是他们扮演的角色。
- 关闭手机，关闭电子邮件。

3. 分享。

- 你所观察到的，你的感觉，你在想什么。
- 你在做什么。
- 什么使你兴奋，什么使你恐惧。
- 你希望发生什么。
- 要求其他人同样进行分享。

战略咨询公司 KKS 的首席执行官和创始合伙人萨基斯·科桑顿（Sakis Kotsantonis）与我们谈到了所面临的地方性会议文化，以及他是如何下定决心在自己的公司内采取不同的做法的："最快速的愉悦感冲击来自一个日历上的会议邀请和一个时间空当——这感觉很有成效！"

一些事物在 KKS 是不同的。当走进该公司的时候，你甚至会感到能量能从墙面反弹过来。这里没有玻璃会议室，但人们不断地进行互动，以小组的形式坐在一起进行项目工作，或者两人一组计划一个提案。常规的视频会议是被禁止的，自发的会议才是常态。每个人都认为时间是自己最宝贵的资产。作为首席执行官，萨基斯认识到，定期的仪式性会面往往不会增加任何个人价值或商业价值，只会让人们离他们与同事或客户共同设定的目标越来越远。人们会感到沮丧，不愿敞开心扉。萨基斯很清楚他试图创造一种不同的相知相交："当我们开会的时候，需要清楚的是，会议中的对话要如何帮助我们，我们能从中学到什么。"在这个公司中，被邀请参加某个会议并不重要，重要的是在会议中做出的贡献的质量。

在场：相知相交的必要条件

研究表明，以人为本可以帮助我们变得更有头脑，并更好地做出回应，而不是简单反应。以人为本也能帮助我们更有存在感，更能置身于当前的时刻。这不仅涉及与他人共处，也涉及对自己而言更有存在感。关于自我存在的问题可以追溯到法国哲学家勒内·笛卡尔。在《第一哲学沉思集》中，笛卡尔描述了他的二元论概念，即心灵和身体的分离。他得出的结论是，身体不能思考，他后来用著名的"我思故我在"（cogito ergo sum）来概括这一点。[3] 这种身心分离或心脑分离为我们思考自己和世界提供了基石。特别是在西方，我们被鼓励要更多地关注理性和逻辑性。俗话说，"心智高于物质"，这甚至暗示我们可以用这种分离来调整我们的情绪。但是，我们所拥有的不仅仅是我们的头脑——尽管是以不同的方式，身体也可以以一种同样强大的方式"感知"。我们只要想想坠入爱河或未来遇到一位新朋友，就会认识到我们的身体（躯体知觉）有能力以一种比理性更强的方式来"感知"。在某种程度上，对认知的重视使我们很难完全意识到我们的状态是如何的（伴随着情感的躯体状态）。躯体知觉并不是语言所能表达的。如果回想一下感到恐惧或焦虑的时候，我们就会发现，我们只有通过身体的"数据"（胸口的紧缩）才知道这一点。只有这样，我们才能注意到并探究这可能有什么"原因"。

在我们工作的大多数组织中，人们分享自己想法的可能性比分享感受的可能性高 10 倍。"我思故我在"造成了一种无益的身心分离。我们观察到，领导者能够在认知领域更加自如地谈论他们所知道的理性知识（基于相当的专业知识积累），但会忽略分享他们的感受。发展以人为本的能力，有助于我们更清楚地意识到我们的整体自我，并有助于平衡我们对认知和理性的关注。

贝恩公司对主体性的研究对于那些希望发展以人为本的能力的人来说是很好的参考资源。[4] 需要注意以下三个步骤。

1. 入定（settling）：把全部的意识带到自己身上——我们的呼吸、感觉、感受、冲动。

2. 感知（sensing）：在出现身体感觉时，说出可能与之相关的情绪。

3. 转移（shifting）：做意识相关的中立观察者。

和做所有事情一样，练习是关键，但即使在一个大型会议之前或在一天的开始时尝试这三个步骤，也会对我们的能力产生重大影响——这是参与的前奏。

小结　　当涉及参与这个问题时，你总是不能得到你所衡量的东西，你只会收获你所播种的东西。人们打交道的对象是人，参与的是具体的事业，而不是参与到某个目标之中。仅仅关注目标，可能会使人们失去参与感。领导力并不是引导他人达到某种结果，控制他人如何做事，或者说服他人遵循新的做事方式。领导力是通过人们共同的初衷将他们联系起来，一起工作并相互学习的。当今太多组织对参与度的关注是错误的，参与度本身不是问题。人们往往自然地、本能地倾向于参与、投入并产生自豪感。我们无时无刻不在与他人打交道以及参与到事业之中，这是人的常态。领导力的作用不是试图让他人参与到自己的事业之中，而是促进人与人之间的相知相交。与人相知相交就是认识他人的真实自我。

问题　　1. 你了解与你一起工作的人的故事吗？他们来自哪里？他们的热情和愿景是什么？如果不了解，请开始询问你身边的人吧。了解一个人的故事就是了解这个人本身。

2. 你该如何组织会议，从而让人们能够全面参与，并能够充分地展示和表达自己的想法？

3. 你如何确保自己始终能够通过交谈来更多地了解自己、他人以及整个世界？

在下一章中，我们将探讨：当从企业价值观的陈词滥调中解脱，面对真正的价值观之间的张力时，我们所面临的道德困境将来自不同叙事所反映的价值观。

注释

1. Buber, M (1923) *I and Thou* (translated in 1958 by Ronald Gregor Smith), various editions.

2. Reitz, M (2015) *Dialogue in Organizations: Developing relational leadership*, Palgrave Macmillan.

3. Descartes, R (1685) *Principals of Philosophy*, various editions.

4. Horwitch, M and Whipple Callahan, M (2016)The science of centredness, Bain & Co.

09

第 9 章

价值观与道德多元主义

在本章中，基于两位哲学家的观点，我们将意识到：当企业将注意力放在制定企业价值观上的时候，对企业中的个人而言有害，对组织而言也有风险。我们看到：价值观有时更像规范人们的行为规则，而不是引导人们遵守道德准则的美德。在本章中，通过揭示各种问题和挑战，我们会发现：道德的行为远不止遵守道德准则而已。我们将发现，当我们把道德良知以企业价值观的形式委托给企业，而不是自己承担起作为道德公民应负的责任时，我们将面临巨大的道德风险。我们得出了这样的结论：为了摆脱因过分关注组织价值观而导致的习得性的道德无助，领导层要做的不是花时间去定义和分享人们应当持有的价值观，而是应该真正认识到，在企业中行正确之事可能面临的固有困境，并为解决这些困境提供可供人们探索的空间。

在企业中，我们很少面对所谓的"善恶之间"的二元抉择。大多数时候，我们不得不在各种不同版本的甚至相互矛盾的"好事"和"正确的事"之间做选择（这正是使选择变得困难和充满压力的原因）。我们很有可能把关爱他人和诚实都看作神圣的价值观，但我们能同时做到既关爱他人又诚实吗？换句话说，价值观和道德在本质上就是充满张力的。

如何调和这些道德困境？这才是企业要面对的真正的"价值观问题"。我们不能通过简单地遵循"关爱他人"或是"诚实"的相关规则来解决问题，而是要找到真正的创造性方法，将看似冲突的价值观结合起来，在独特的情况下付诸行动。道德行为是伴随着我们的生活实践而出现的，是不可能被预先定义的。

这本书就是要让人们知道工作方式人性化的重要性。如果我们的组织中没有道德自由，那么就不可能有人性化的工作氛围。我们的是非观告诉我们"什么是对，什么是错"，这是我们之所以成为人，并成为独立个体的基本条件。人可以有价值观，但组织不会有。

企业价值观声明鼓励经理人将他们的道德良知外包给企业的道德监管者，而不是承担作为道德公民的个人责任。这将导致习得性的道德无助。

过多的价值观

走进伦敦金丝雀码头一家顶级投资银行的华丽门厅，映入访客眼帘的是接待台上方的优雅招牌，上面写着该银行的企业价值观。

- 把客户放在第一位。
- 做正确的事。
- 以卓越理念为主导。
- 回馈。

他们似乎在写下这些话时并没有任何一丝讽刺或自我嘲弄的意味。乍一看，这是这家银行道德理想的诚恳声明。

然而，仔细想想，无论用意多么美好，表达得多么诚恳，这种对银行真实信仰的表达实在显得有些平庸和天真。想象一下它的反面是什么。

- 把客户放在最后一位。
- 做错误的事。
- 追随平庸理念。
- 索取。

当然，这是无稽之谈，但如果真的是这样的话，这些看似"明智合理"的价值观无非就是重复一些不言而喻、老生常谈的道德观念。银行大肆宣扬的价值观声明显然是空洞的。

如果说大多数企业的价值观声明都没有任何实质内容，

这是否有点夸张？请看以下示例。

- 做最好的人（埃森哲）。
- 真实（Adobe）。
- 正直（美国运通）。
- 追求卓越（The Honest Company）。
- 接受责任，承担责任（宜家）。
- 为所应为（耐克）。

没有一家企业会选择雇用最糟糕的人，也没有一家企业想要在竞争对手面前落下风，更没有一家企业会把注意力放在失败上，那么，为什么还要费尽心思地重申这些陈腔滥调呢？为什么要如此大惊小怪地宣传一些企业中的每个人都清楚知道的，想要做好工作所必需的基本法则呢？对于企业来说，卓越优于平庸，每项工作都需要承担责任，成功需要一定程度的创新，合作技能是有价值的，信任、正直和诚实是所有集体追求的核心价值。这是不言自明的。

这里的问题在于，这些宏大的概念定义不明确，并且可以被随意解释，以至于当员工面对这些用来评估自己行为的理想状态时，可能会无所适从，甚至茫然无措。

更重要的是，许多对人类而言一向很重要的价值观并没有出现在这些企业的价值观声明中，而这些价值观本身与创造人性化的工作场所却是高度相关的。

- 在谨慎、勇气、节制和正义这四个所谓的基本价值观中，只有勇气经常出现在企业价值观声明中。
- 诸如气节、友善、怜悯、耐心、谦卑和慷慨之类的价值观很少被提及。
- 企业价值观声明中有时会包含"乐趣"，但它总是在结尾处才被提及，并且总是带着感叹号，好像只是为了略显调皮才在最后加上去的。
- 通常不会出现针对人类虚荣心的讽刺语句。

此外，有一些非常古怪而诙谐的价值观声明。

- 不穿西装也可以很严肃（谷歌）。
- 创造乐趣和一点怪癖（Zappos）。
- 多元、协作、欢庆（Build-A-Bear）。
- 不作恶（谷歌）。

这些话通常能让人会心一笑，不像那种高高在上的废话。还有一些真正与众不同的崇高愿望。

- 建立社区（四季酒店和度假村集团）。
- 触及地球上的每个人（Twitter）。
- 努力为那些被剥夺了经济机会的人创造经济机会，并推进可持续和可复制的经济正义新模式（Ben and Jerry's Ice Cream）。

那么问题是，这些"信条"有没有被认真对待？言辞和现实之间的差距有多大，这些"信条"真正得到实现的机会有多大？

价值观声明解决的问题是什么

哲学家们认为，尽管价值观声明很虔诚，但并没有解决行政人员日常生活中所面临的道德问题。企业中的大多数道德问题都是以两难问题的形式出现的，也就是涉及价值观发生冲突的问题。企业有时要在"好"与"坏"之间做出选择，在这种情况下，常见的价值观声明可能会起到很好的作用，特别是针对不遵守它们的行为有相应的惩罚时。然而，更多情况下，企业常常要面临非常棘手的道德选择，这种选择需要得到明确的处理，并且是要在不同版本的"好"之间做出选择。这类两难问题通常迫使人们面对道德上的二元性，如透明度与隐私、竞争与合作、诚实与手腕、勇气与安全。

哪一个企业是更有道德良知的企业？是阐明其价值观并加以执行的企业，还是认识到道德困境并对其进行讨论的企业？

要使价值观声明成为真正有益的东西，而非老生常谈（比如"做正确的事"）或模棱两可的言辞（比如"诚信行事"），就需要承认道德的多元性，并为此做出更大的努力，从而帮助管理人员识别、讨论和解决企业内部出现的困境。

使价值观声明个性化

我们三位作者所在的伦敦商学院的目标是"对世界的经营方式和商业影响世界的方式产生深远影响"。这和其他价值观一样，可能是真诚且用心良苦的，但问题是，这样的价值观是由学校里的其他人代表我们而写并要求我们遵守的，然而，我们的行为是否有可能被这样崇高的价值观所塑造？或者说，我们每个人都对自己的个人道德准则有足够的安全感，不希望或不需要别人对我们赖以生存的道德准则有所指导？

> 你的企业的价值观是由你们根据自身情况自主选择的（而非依据他人的评判），还是任何企业界人士都有义务遵守的道德义务？

你如何在自己的组织中回应这些道德准则，是讽刺还是尊重？你对其感到疲惫还是兴奋，是顺从还是抗拒？

我们预计，你的反应将取决于你对制定这些价值观声明的人的动机的看法。例如，回到本章开头提到的投资银行的例子，就其"核心价值观"声明而言，他想通过这个价值观声明达成何种目的？

1. 说明想要实现的理想生活和评判标准？

2. 每天提醒员工，对他们的期望是什么？

3. 声明有竞争力的战略意图？

4. 对过去的过失，特别是作为 2008 年金融危机的主要推动者之一的忏悔或道歉？

5. 对那些指责其过去不当行为的人进行夸赞抑或斥责？

6. 以上这些都是？

捍卫价值观声明

传统观念认为，公司的价值观至关重要。每家尽职尽责的公司都会有一套规范，以帮助其员工在实现个人目标的同时，实现公司的共同目标。这套规范定义了公司的特征，并且与使命宣言结合在一起，概括了公司所要达到的目的。有四种基本原理可以用来制定一套价值观，它们都能在哲学理论中找到依据。

1. 它们建立了一个框架，在这个框架内，该组织的成员可以自由地按照自己的意愿行事。这与消极自由的概念有联系——真正的自由是不受他人干涉的自由。以赛亚·伯林曾写道："消极意义上的自由涉及对此问题的回答：'主体（一个人或一群人）在不受他人干涉的情况下，可以或应该在什么范围内做能够做的事或成为能成为的人？'。"[1]这一价值观声明界定了自由与约束之间的界限。

2. 它们编纂了社会契约，该契约将组织的成员捆绑在一起，以实现整体利益为出发点，为任何社会、社区或公司的蓬勃发展奠定了必要的基础。卢梭认为，一个公民不能通过成为一个利己主义者来追求自己的真正利益，而必须服从于作为一个集体的公民所创造的法则和价值观念。他是这样表达的："我们每个人都把自己的人身和一切力量共同置于总体意志的最高指导之下；在一个团体中，我们把每个成员都当作整体不可分割的一部分来接受。"[2]这一价值观声明强调了总体意志。

3. 它们构成每个人都要遵守的规范。它们规定了一种理想，或者说一种完美的模式，作为对集体中每个人的道德激励。当然，典型的道德规定是康德的绝对命令："你要仅仅按照你也愿意它成为一条普遍法则的那个准则去行动。"[3]这假定，通过意志的行动，我们所有人都能够达到这个标准。

4. 它们向整个世界发出信号，邀请其他人对照这些标准来做出评判。

从菜单选项中选择价值观

如今，很少有企业不标榜自己的价值观，似乎每个企业都需要一个相当于医学上的希波克拉底誓言的价值观声明。然而，在 50 年前，这是一种罕见的现象。19 世纪和 20 世纪初伟大的家族企业，特别是那些起源于贵格会的强大公司，如吉百利、Rowntree's、其乐鞋、巴克莱银行和友诚保险等，它们的蓬勃发展不需要任何明确的原则。它们只是活出了自己的信仰。

那么，为什么要突然宣布公司每个人都要遵守的道德准则呢？难道是因为道德标准下降了，公司的业绩也会随之下降？或者，这是否仅仅是道德进步的一种表现，在这种情况下，行政人员更仔细地关注以道德的方式取得业绩？

然而，矛盾之处在于，尽管公司一直在谈论价值观，但现在的组织行为并不比在谈论价值观的举动流行之前更道德。"言出必行"和以前一样，仍然存在问题。事实上，我们花在谈论道德上的时间和我们在道德行为上投入的努力之间很可能存在着反比关系。拉尔夫·沃尔多·爱默生（Ralph Waldo Emerson）在谈到一位熟人时说："他越是大声谈论他的荣誉，我们就越会抓紧数数看我们的金勺子有没有丢。" 4⊖

⊖　比喻一个人越是声张，越有可能是宵小之辈。——译者注

　　随着价值观声明的制定增多，"价值"一词的使用发生了微妙的变化。传统上，"价值"是作为单数名词使用的，代表某物的价值或效用。例如，人们会谈论某些形式的行为（如合作、互惠或勇气）的价值，或某些类别的资产（如公司和财产）的价值。但现在它已经作为复数名词使用。我们将"价值观"赋予个人和组织，以此来概括他们的信念、态度和倾向。"我"的价值观与"你"的价值观形成对比，A公司的价值观与B公司的价值观形成对照。在选择价值观时，我们就像选择自己的衣服一样。价值观是有市场的：我们选择我们想要遵循的价值观，我们赋予自己权利来设定一系列评判我们自身美德的条件。换句话说，价值观已经被市场化、货币化、个人化和相对化了。在绝对的美德世界中，"价值"曾经拥有的道德基础已然丧失。

> 　　现在有一种趋势是，价值观为战略服务，而不是战略受制于道德。我们把价值观当作竞争战略中的要素，而不是把战略当作受道德因素制约的选择。

　　当一个公司选择其价值观时，它所做的战略选择就如同它选择进入哪个市场或者推出哪种产品一样。在很少参照绝对标准或传统道德的情况下，我们构建了我们个人和组织道德的主观领域。唯一的检验标准就是价值观的效力。如果能促进我们的事业，那么就说明我们大概选对了价值观，反之亦然。实际上，道德定位已经成为公司竞争战略和营销组合中的要素。

更早的时候，美德并不被视为选择菜单上的一种选项，而是被视为一种来之不易的习惯。亚里士多德在他的伦理学著作中指出："正是通过公正的行为，才产生了公正的人，正是通过节制的行为，才产生了节制的人。如果不做这些事，任何人甚至都不会有成为善人的前景。"[5]

这就是使得有德行的生活显得难能可贵并值得赞美的原因。美德是通过勤奋和谦逊获得的"实践"。它不是对生活方式的偏好，也不是一时的流行，更不是达到目的的手段。它更类似于性情。

我们在价值观和美德之间所做的区分，类似于个性（personality）和性格（character）之间的区分。就像我们现在使用"美德"这个词时，会因为它带有某些圣洁的色彩而感到尴尬一样，我们发现"性格"这个词在用来评估一个人的时候也是不合时宜的（这个词在英语语境中常带有道德方面的特质）。我们可能会觉得评估一个人的技能和个性很容易（特别是用"能力剖析"这种伪科学的方式来表述的话），但我们在评估其德行或性格时，常常会觉得很为难。然而，几乎可以肯定的是，公司的业绩更多地取决于美德而不是价值观，更多地取决于性格而不是个性。

正如美国记者乔治·威尔（George Will）所说的那样：

当"价值"一词在政治和伦理语境中取代了"美德"一词时，社会的去道德化就得到了推进。当我们超越了善与恶的话题，超越了美德与恶行的范畴时，我们就只剩下空洞的价值观话题了。[6]

道德复杂性的根源

在第二次世界大战进行到最激烈的时候，一位高级公务员告诉他所在部门的秘书，他即将做出一个可怕的决定，他要把这些秘书全部辞退，尽管他知道他们之中只有一个人犯下了严重的罪行——有人发现，这个部门里有人向敌人泄露了敏感信息。为查明罪犯所做的一切努力都失败了。敏感信息泄露的结果是，无论男女，战士们都面临着牺牲，而英国的战斗力已被削弱。面对这种情况，这位公务员承认，他的选择是解雇所有团队成员，以避免任何信息进一步泄露的可能性。他承认，这是一个灾难性的决定——这些被解雇的人都无法再在政府部门工作，他们的生活会从此蒙上阴影。不过，这位公务员认为，这是正确的做法。

多元主义所主张的是，在这样的道德困境中，我们不是要在善与恶之间进行选择，而是要从看似不兼容的关于"什么是对的？"的多重选项中做出选择。在某种意义上，我们的选择涉及在一种美德与另一种美德之间进行权衡。美好的生活没有单一的模式——没有哪个模式对所有人来说都是最好的，或者说对任何人来说一直都是最佳的。基督教式的谦逊、佛教式的超然、荷马式的勇敢、亚里士多德式的节制、康德式的责任和马基雅维利式的狡黠，都是同样有效的道德生活模式。若要对它们进行比较和评判，我们根本无从下手。

多元主义最声名卓著、最明确的倡导者是以赛亚·伯林。伯林对上述战争期间公务员解雇其秘书团队的案例非常熟悉——这深深地影响了他。他认为，这位公务员的做法是正确的。但他也认为，在那种情况下，还可以做出在道德上更为站得住脚的其他选择，比如什么都不做。当一个人认识到，无论做什么选择都会出现严重的不公正时，他就会陷入道德困境。在生活中，特别是在工作场所的高压条件下，做正确的事往往需要犯下令人惋惜的错误或造成无法弥补的伤害。

在伯林看来，否认人类决策的这一基本方面，就等于剥夺了生活的复杂性、神秘性和多样性——等同于把道德描绘成一种遵循规则的行为的贫乏形式。他强烈主张，当哲学家的道德理论与人类的道德经验发生冲突时，我们就应该抛弃这种理论。他不相信任何形式的神义论，即认为正确理解道德，就能构成和谐的整体。

当我们把某一特定的终极状态当作理想，并宣布所有对它的抵抗都是非理性的或有偏见的时候，可怕的事情很可能会接踵而至。

> 令人不可置信、难以形容的是这样一番景象：一群人在背后操弄人心，故弄玄虚，以至于其他人在根本不知道自己在做什么的情况下按照他们的意愿行事。这样一来，他们就失去了作为自由人的地位，实际上也就失去了作为人的地位。[7]

客观存在的多元主义

伯林认为，任何成熟的道德准则都会为其信奉者带来单靠理性无法解决的道德困境，而基于我们自身复杂的道德性所提出的价值观和理想将不可避免地是多元的且不可通约的。他认为，完美的理念，即所有价值观都能和谐地结合在一起的状态，是不合逻辑的。

价值观之间的不可通约性并不意味着人们要作壁上观，对任何价值观都漠然置之。正如与伯林同时代的哲学大师约瑟夫·拉兹（Joseph Raz）所言："不可通约性（导致我们）

不能确保（我们的抉择）利弊相当，但这并不意味着漠然。它意味着理性无法指导我们的行动，而非我们选择的无关紧要。"[8]

伯林坚持多元主义，反对一元主义，提出了三个主张。

首先，历史和地理上的所有道德准则都包含相互冲突的价值观。例如，在现代的自由社会中，自由与平等、公平与福利、正义与仁慈的价值观是相互冲突的。没有"更高的价值观"可以用来"裁决"它们之间的冲突。

其次，这些价值观中的任何一个本身都包含内部不一致。例如，自由与平等都有多种表现形式，但并非所有形式都是相互兼容的——信息自由与隐私自由相冲突，机会平等与结果平等相冲突。

最后，根植于特定文化和文明中的那些道德准则，每一个都代表着一种具有自我完整性的特定生活方式——具有足够的独特性，不能轻易与其他任何方式相结合。

价值观多元主义认为，我们最深层次的价值观是客观的，又是多样化的。这对企业的影响是，在一个完美的组织中实现所谓的"真正理想"的想法不仅是不切实际的，而且是不合逻辑的。企业生活和任何个人生活一样，充斥着在终极目的之间的激进选择。在这种情况下，理性让我们陷入困境，因为无论我们做什么都会带来损失或伤害。

那么，在这种情况下，我们该怎么做呢？在道德多元的世界里，我们该如何做一个领导者？

实践中的多元主义

让我们来看看一家公司，在过去的半个世纪中，它认识到了价值观的多元性，并力求遵守两个看似对立的行为准则。

长期以来，法国化妆品公司欧莱雅一直受到其总裁弗朗索瓦·达勒（François Dalle）在 1957 年至 1984 年期间提出的"信条"的启发："既是诗人，又是农民。"达勒的远见卓识在于，认识到欧莱雅的成功永远在于它能够将创造力和公认的美德结合起来。对他来说，作为富有创造力的诗人，意味着重新看待世界，重视美感，提出想法，给自己做梦的机会，去尝试新的解决方案……而作为脚踏实地的农民，意味着保持理智，计算成本，相信传统，保持简单，不要自视甚高……

欧莱雅勇敢地尝试将这两个看似矛盾的价值观结合起来，这正是欧莱雅取得非凡成功的部分原因。他们始终认真地坚守自己的"信条"，以至于直到今天，他们还鼓励公司内部的"诗人"和"农民"持续进行对话。他们专门为那些辩论和讨论留出了"对辩室"，期望达成某种解决方案。例如，所有的招聘流程都含有测试，以考察那些候选人是否契合他们的"信条"。他们认为，只有通过对话、争论和相互学习，才能使两难问题中的两个方面都得到重视，并在某种意义上调和二元性。

欧莱雅文化的这一方面与杰克·韦尔奇在担任通用电气首席执行官时发起的一项名为"群策群力"（work-out）的倡议有异曲同工之妙，该倡议旨在通过消除不必要的工作来简化程序。作为一种实践方法，它目前仍然在组织内蓬勃发展。"群策群力"是一种结构化的方法，鼓励工作人员一起来解决通常由管理层负责的设计问题。从这个意义上说，这是通用电气赋予"农民"以"诗意的声音"的方式，或者用韦尔奇自己的话说，"相信组织中的人，每天都在工作的人是最能改善组织的人"。[9]

"群策群力"方法的力量很强大，它能让那些最了解哪里需要重新设计的人发挥创造力。尽管他们每天都在"生活"，但他们以前从未被要求贡献自己的想法。就像欧莱雅鼓励的"对辩"一样，"群策群力"方法鼓励利益相关者（每一个）之间进行激烈的没有任何限制的辩论。

大多数公司惧怕公开且激烈的辩论。欧莱雅式的"对辩"会被认为是无益的、不协作的，甚至是不忠诚的。这样一来，实事求是会让位于维持表面太平，意见分歧不会浮出水面并得到解决。然而，对于大多数公司来说，解决两难问题，公开辩论是必不可少的。卡尔·波普尔将一场好的辩论定义为：双方不仅要充分理解对方的论点，还要在论证自己的论点之前强化对手的论点。这需要利用"去中心化"的技巧和通过别人的眼睛看世界的情商，凭此建立自己论点的基础。

道德困境与中间道路

描述公司所处的战略状态的一种方法是找出公司认为特别麻烦的两难问题。通常，这样的问题可能包括以下这些。

- 如何在短期和长期之间取得平衡？
- 如何权衡规模经济与简单、快速的经济？
- 优先考虑股东还是更广泛的利益相关者的利益？
- 优先考虑客户还是员工的利益？
- 以等级制度还是网络形式运作？
- 强调变化还是连续性？
- 注重功能上的卓越还是功能间的协调？

珀西·巴列维（Percy Barnevik）在担任 ABB 首席执行官时，对许多大公司所面临的挑战表示深有同感，他宣称："我们既想成为全球性的公司，又想成为本地化的公司；既想成为大公司，又想成为小公司。我们的组织是彻底分散的，但是又有中央报告制度和控制体系。如果我们能解决这些矛盾，就能创造真正的组织优势。"[10]

巴列维对多元主义和领导者所面临的双重性有一种出于本能的直觉。例如，他知道，权力下放作为众多策略选择中的一种，既有优势也有风险。例如，它具有释放组织内活力的有利作用，但同时有分裂组织的风险，因为协同和跨界合作的机会会被忽视。

解决两难问题

所有的两难问题困境都提出了一个看似无法解决的问题：如何将两个极端的优势结合起来，而又不至于招致任何一个极端的弱点。这并不容易。在实践中发生的情况是，我们倾向于在这个问题上含糊其词、蒙混过关。

- 我们拖延，我们得过且过，假装不存在两难问题困境，因此不存在必须做出的根本性选择。这是一种犹豫不决的策略。
- 我们武断地选择两难问题中的一方，而不是另一方；我们以"我们在这里就是这样做事的"为借口，将其固化为企业文化的一个方面。这是一种两极分化的策略。
- 我们在一个极端和另一个极端之间摇摆不定；我们随

着心情的变化，或随大流，或随着周期性危机带来的
恐慌而来回摇摆。这就是钟摆战术。

- 我们试图预测一个极端需要让位于另一个极端的时间
点，冒着过早（"杞人忧天"）或过晚（"错失良机"）
做出决定的风险。这是一种有预见性的策略。
- 我们寻求中庸之道，在一个极端与另一个极端之间进
行权衡。这是一种妥协的策略。

每家公司都有自己的行为倾向，通常源于其历史或领导
者的经验。成功往往具有偶然性，大多数领导者只知道一个
"诀窍"，即他们将成功归因于某个政策，以及使他们取得
成就的思维方式，这可能涉及成本控制、持续改进、全面质
量管理、外包、收购、财务激励、精益生产，或任何其他管
理上的所谓的"灵丹妙药"。无论他们走到哪里，无论情况
如何，他们都会带上他们的"万能药方"——从未失败过的
"神奇配方"。

有时，这个"配方"会变成管理口号，例如涉及股东
价值、以客户为中心或公司的社会责任的口号。其他时候，
这个"配方"还会被描述为公司的"核心竞争力"。关键在
于，它往往会成为一种固化的东西，甚至反过来导致业绩的
停滞不前。这就是"成功的失败"的例子，也可看作"伊卡
洛斯悖论"的体现。傲慢往往诱使英雄式的领导者刚愎自

用，过于依赖自己的运气，并对任何反面证据视而不见。

很少有领导者能够意识到自己的"一招鲜"总有失效的时刻。局势越是不稳定，领导者越是容易故步自封，只坚信他们所知道的东西，并强调团队的忠诚和团结。只有当形势变得极其严峻，以至于"万能药方"的神话完全被打破时，彻底改变战略方向才会成为唯一的选择。这样做的危险在于，新的领导者可能也只会重蹈覆辙，只不过换了一个方向而已，如此循环往复。事实上，业绩具有周期性，是一家过度相信并不能直接解决最初困境的简单方案的企业的典型症状。

在古希腊语中，"困境"（dilemma）的意思是"双重命题"。在如今的语境中，"困境"主要指的是面临两难问题困境的十字路口。每当我们要做出艰难抉择时，就会意识到，我们处在一个十字路口，当我们选择踏上其中一个方向的路，就很有可能因忽视的另一个方向而遭受某种损失。

一般而言，若我们要试图解决这些两难问题，就必须在"充满张力的价值观"之间做出取舍。换句话说，我们需要选边站。但是，是否有另一种处理两难问题的方式，一种对两边都"公平"的方式？与其在一边和另一边之间进行"裁决"和选择，我们是否可以将它们的优点结合起来，或以某种方式调和它们？

要打造能够带给人成就感的工作场所，就要承认生活中每天都存在道德困境的现实，并把每个人都当作解决这些困境的利益相关者。

调和的方法

> 检验一流智力的标准是看其能否在头脑中同时容纳两种对立的想法，并仍能保持运作的能力。[11]
>
> ——F. 斯科特·菲茨杰拉德

在多元主义的世界里进行管理意味着什么？例如，在管理价值观的冲突时，我们可以使用什么样的理性方法？英国管理哲学家、剑桥大学贾奇商学院高级研究员查尔斯·汉普登－特纳（Charles Hampden-Turner）提出的一个观点是，将每一个极端都视为寻求调和之法的突破口。

举个例子，官僚主义的优点（例如秩序和控制）如何与创新的优点（例如活力和学习）相调和？官僚机构有阻滞和僵化的风险，而创新往往过于混乱和无序。创新（与学习）依赖于反复试错，而官僚主义靠"第一次的正确"兴旺发展。那么如何将控制和创新的价值结合起来，从而使两者都得到加强呢？

调和（而不是妥协）的思想是，我们借用一方的优点来改善另一方的实践。例如，我们可以在创新与学习的过程中变得更有控制力和纪律性，在行使控制权的过程中变得更具开放性和探索性。

例如，我们可以邀请公司里的会计师找到一种衡量相对于竞争对手的组织学习的速度，并让研发科学家来重新制定组织风险的衡量指标。其背后的思想是：以新的方式，将秩序和玩趣、理性和创造性、可预测性和意外发现结合起来。简而言之，去践行"试验"这一美德。

这里有必要提起斜向法基本原理。当 A 和 B 的价值似乎相互冲突时，要想忠实于 A 的价值，最好的办法是询问 B 如何能够强化 A，反之亦然。

我们应将两极性进行"三角化"。

许多公司面临的一个特别棘手的难题是：如何对高管进行经济激励和奖励？例如，应该为个人成就还是团队成就支付奖金？是每个人都应该平等地分享公司整体的成功，还是应该区分高绩效和低绩效的个人与单位并对其进行奖励？现在大多数公司会在集体成就和个人成就的奖金比例之间进行任意的平衡，例如，在某个人的奖金中，有 70% 基于公司业绩，30% 基于个人业绩。这种"两部分"式的奖金计划表明，集体业绩和个人业绩这两种业绩的定义在某种程度上是相互独立的，就好像公司的业绩与为其工作的个人的努力无关。

总部位于加利福尼亚州的跨国半导体公司 AMD 开创了

一种奖励员工的方法，该方法可以兼顾个人成就和团队贡献：个人因其对团队的贡献而获得的奖励，由团队自己评判；团队因其能够利用为其工作的个人的才能而获得的奖励，由个人自己评判。这是一个巧妙地综合了看似对立的价值观的绝佳例子。

在职业生涯初期，杰克·韦尔奇在管理通用电气的塑料部门时就意识到职场两难问题困境的普遍性以及调和看似对立的价值观的重要性。以下是他经营公司的一些格言。

- 践行有计划的机会主义。
- 沉浸在信息中，直到找到简单的解决方案。
- 基于建设性的冲突来检验想法。
- 平等对待所有下属，但要严格按照功绩奖励每个人。

人力资源管理教授保罗·埃文斯（Paul Evans）为了概括多元主义世界中的管理技巧，提出了以下原则。

用一种方式组织，用另一种方式管理。[12]

他认识到，大多数公司都是按照有利于某些价值观的路线组织起来的，典型的是控制、协调和可预测性。鉴于这些价值观已经融入公司文化中，而其他同样重要的价值观并没有融入公司文化中，管理层的作用应该是确保后者（如好奇心、探索性、多样性和信任等）得到应有的重视。换句话说，领导者的作用是关注"被忽视的那一极"。如果组织恰好是为股东服务的，那么管理层最好强调客户的作用以及如何提高股东价值。调和其他二元性的举措与此一致，如成本和收入、稳定和增长、分析和行动。

总之，管理既要解决两难问题困境，又要解决实际问题。

小结

大多数价值观声明都基于这样一个默认的假设，即需要提醒员工他们做出决定所依据的道德准则以及判断其行为的道德准则。

作为领导者，我们要不断提醒自己什么是美德，这一点很重要。但是，当今公司中涌现的棘手的道德问题往往是以两难问题困境的形式出现的，不同的美德争夺着我们的"忠诚"。因此，价值观声明和规则手册不足以平衡一种美德和另一种美德，确定它们之间的"汇率"，并寻求某种程度的调和。

与其花时间去定义价值观声明，不如基于道德心和对话，把重点放在对两难问题困境的处理上。我们需要鼓励讨论、异议和辩论，使道德行为超越单纯的遵从某些道德准则，转为一种自觉、认真的探索。一个道德上严肃的组织是一个对道德问题保持警惕，并直接、公开地解决这些问题的组织。

商业道德更像一个创造性的项目或一项有待完成的探索，而不是一副用来按图索骥的图册或一本规则手册。

问
题

1. 你所做出的决策向他人展现出何种价值观？

2. 在传达你的决策时，你如何解释决策中固有的道德困境？

3. 你会为你的团队提供什么指导，以帮助他们在决策中发现并处理道德困境？你会鼓励辩论和提出异议吗？

辩论和异议意味着相信你自己的想法与行为很重要，相信努力做正确的事情很重要。我们已经看到，价值观并没有告诉人们什么才是正确的事情，而只是提供了指导，并在实践过程中给人们带来了两难问题困境。在最后一章，我们将提出领导力的终极挑战——利用我们所拥有的自由去做我们认为正确的事情。

注
释

1. Berlin, I (1958) Two Concepts of Liberty, reprinted in *Four Essays on Liberty,* Oxford University Press, 1969.

2. Rousseau, J J (1762) *The Social Contract*, Book I, Chapter VI.

3. Kant, I (1785) *Groundwork of the Metaphysics of Morals.*

4. Emerson, R W (1860) *Conduct of Life: A Philosophical Reading.*

5. Aristotle, *The Nicomachean Ethics*, Book II.

6. Will, G (2000) Forget values, let's talk virtues, *Jewish World Review,* 25 May.

7. Letter to George Kennan (13 February 1951), in *Isaiah Berlin, Enlightening: Letters 1946-1960*, ed Henry Hardy and Jennifer Holmes, Chatto and Windus, London, 2012.

8. Raz, J (1986) *The Morality of Freedom*, Oxford University Press, p. 333.

9. Quoted in Golding, I (2017) Engaging your people in improvement activity: 6 key questions, *Customer Think*, 16 February.

10. Quoted in Magwood, J (2011) Global Socio-Cultural Expectations on Ethics, *Customer Think*, 3 September.

11. Fitzgerald, F S (1936) The crack up, *Esquire Magazine.*

12. Paul Evans, personal communication.

10

第 10 章

为所能为的自由

在本章中，我们将在 20 世纪哲学家彼得·斯特劳森（Peter Strawson）、让－保罗·萨特以及古希腊哲学家苏格拉底的引领下了解到，作为个体，我们有自己的想法，有自己的是非观念，有自己想对世界做出的不同贡献——这就是我们的领导力。无论我们的职级、权威或所掌握的资源如何，问题都在于我们如何利用我们所拥有的自由，为世界带来积极的变化，带来蓬勃发展——我们关于赋权的观点再次成为追求蓬勃发展的关键。要被赋权，我们需要理解我们所拥有的自由，以及我们能够努力做我们认为正确之事的自由，并基于其采取行动（尽管我们面临着各种限制）。

在第 6 章开篇，我们讲述了我们的一次经历：

几个月前，我们受邀为一个欧洲的客户进行多元化与包容的主题演讲并举办研讨会。该公司的中层管理人员和普通职员出席了会议。每个人都表现得很积极。在研讨会结束时，几位与会者跟我们进行了对话，他们传递的信息简单明了："你们必须

告诉管理层的是，我们感觉到完全被排斥在外，没
有权力，被规章制度束缚，更没有做出决定的权力
和自由。"

我们探讨了高管的回应，并提出高管在决策过程中不应
仅仅着眼于吸纳管理人员和员工的观点，而应着眼于创造一
个可以让被赋权的人蓬勃发展的环境。我们研究组织中权威
的目的和合法性后得出的结论是：在后康德时代，我们经常
本末倒置。我们应该认识到，赋权应是向上赋予的，而不是
向下赋予的，管理者的职责是合理行使自己所拥有的权力以
造福他人。

谨慎看待你所渴望的东西

那些希望被赋权的人处境如何呢？那些感觉被束缚、被
排斥、被忽视，没有权力的管理人员和员工呢？他们在来自
赋权、权威和自由的挑战中负有什么责任？他们要想发挥领
导力面临何种挑战？

我们从各公司首席执行官那里反复听到的主要问题是：
"我要如何创建一个更具创新性、适应性、敏捷性和可持续
性的组织？"他们从许多咨询顾问那里得到的答案是："你需
要给你的员工赋权。"问题在于，正如我们在第 6 章中所讨

论的那样，过于普遍的"赋权"是建立在高级别人员可以赋权于他人的基础上的。但事实是，赋权是个人的一种素质，而不是拥有等级权力的人给予他人的礼物。在等级制度中层级较高的人应该利用自己的权威来支持那些寻求行使自由并调动力量促使好事发生的人。这和高级别人员将权力赋予他人不同：他们并不可以这样做。

如果接受第 6 章中探讨的霍布斯和康德的综合思想（关于我们固有的平等、我们的自我管理能力和与生俱来的责任感），那么当我们依据我们认为正确的事情去做出决定并采取行动时，所有人都可以被赋权。

做你认为需要做的事情，并下定决心让其成为现实，这就是一种被赋权的行为方式，也是富有领导力的表现。这样做会带来很多后果。从积极的方面讲，你会获得目标感，感受到正在做出自己的贡献，感受到自己所做的一切都是重要的，通过获得荣誉而提升自尊心。但是风险同样存在。在采取行动、做出决策、付诸实践的过程中，你需要承担责任，而责任伴随着忧虑：如果出错了怎么办？如果我让某人不高兴怎么办？如果坚持下去所需要的努力和精力超出我所能承受的范围该怎么办？更糟糕的是，你必须通盘考虑所有的风险，而且没有成功的把握。墨守成规，或寻求许可，等待被他人安排，或简单地遵循准则、别人的指示，也许会更加容易？

在承担责任方面，我们都面临着这种两难问题困境：是主动出击，行使我们的行动自由，还是采取更容易的方式？正是我们面对这种两难问题困境的方式，决定了我们能够在多大程度上被赋权；决定了我们能够在多大程度上发挥领导作用。

关于我们采取行动的自由和作为领导者的责任，哲学家可以教给我们什么

你或许注意到了，前面我们使用了"行使我们的行动自由"这一说法。对我们而言，搞清楚什么是"我们的行动自由"是很重要的。在哲学家群体中，关于自由意志的存在有很多讨论。坚定的决定论者反对自由意志的存在，坚定的"自由意志者"（自由主义者）则主张自由意志的存在。坚定的决定论者认为我们的所有行动都是由先前的事件或自然法则引起的，而我们做出自由选择的想法是一种错觉。坚定的"自由意志者"则认为我们对所做的事情拥有真正的选择权，我们做出的选择不是外界力量所预先确定的。试图在那些相信没有自由意志，一切都已预先注定的人，以及那些相信我们有权做出具有不同后果的不确定性决定的人之间寻找中间道路的主张被称为兼容主义。这种主张是哲学家彼得·斯特

劳森所采取的，其在 1962 年发表的论文《自由与怨恨》中进行了相关探讨。[1]

斯特劳森出生于第一次世界大战结束之时，并经历了第二次世界大战以及随后冷战时期意识形态斗争。在那些时间里，由于某些当权者的傲慢、残暴、血腥和愚蠢，那种在 20 世纪初对许多领导者的尊重和敬意已经不再显得理所应当和随手可得。在第二次世界大战中，为自由而战的斗争、对异化的愤怒和对统治的追求最终导致了全球性的屠杀。如此，包括我们将在本章后面讲到的让 – 保罗·萨特等存在主义学派学者在内的许多哲学家和其他人将注意力集中在自由的本质上也就并不奇怪了。

猫和带轮垃圾箱的故事

斯特劳森认为，我们所有人的行为表现得好像自由意志存在一样，而这一点在我们考虑给予指责和惩罚时表现得最为明显。他认为，我们承认在某些情况下人们的行为可以获得开脱。我们的日常语言中有"她心不在焉"和"他不在状态"这种说法，并且有时会将患有心理疾病作为解释某些不良行为的原因。换句话说，在我们认为他人身不由己时，就不会用常规的方式来应对他人的举动。

举个例子。在意识清醒、心智健全的情况下决定把邻居的猫扔到带轮垃圾箱里，让它被人带走从而不再扰乱你的安宁，当你的这一行为被监控摄像头拍到时，大多数人都会对你冷酷的行为予以谴责。但是，如果你由于猫叫的声音而已经几周不能入睡，已经被猫逼到精神绝望，可能需要在药物的作用下才能睡着，那么一些思想健全的人可能会觉得应该让你休息一下，你的自由行为不应该被谴责。

这就是斯特劳森的观点：当我们说一个人不在状态时，即这个人所做出的不是自由行动而是某种身不由己的举动时，我们不会按照平常的方式来应对，因此也会对其减少或免除惩罚；而当我们认为不存在强迫，一个人做出的行为带来了严重的后果时，我们会要求这个人对他的行为负责。这就产生了自由的定义：自由即不受强制。换句话说，当没有选择的余地时，人们将不用承担责任，也不具备自由意志；但是，只要是在有选择的情况下，人们就要承担责任。这种自由观念是增强赋权和领导力观念的基础。当然，前提是我们心智健全。

自由不是不计后果地行动的能力。自由是选择不受强迫地行动并面对后果的能力，而很多后果在做决定时是未知的。这就是领导者所要实现的。

即使组织是监狱

上述内容并不是说其他人对你而言没有支配性权威。无论你的地位是高是低，人们都可能采取行动制止你，甚至因为你的行为而惩罚你。如果我们是第 6 章所讨论的康德所述的我们共同塑造并接受共同规则的"目的王国"的一部分，那么根据其定义，我们已经承认了这样的事实，即我们的某些行动受到约束，如果违反某些规则，我们甚至可能受到谴责。我们已经接受了这样一种想法，即在我们的允许下，其他人对我们拥有支配性的权力。

例如，在我们不交税的情况下对我们施加惩罚。所有社会都有一个由规则、法官和违规后果组成的司法系统。但是，即使处在困于监狱这样的极端情况下，自由意志的原则也仍然适用，我们仍然有选择的余地。没有比纳尔逊·曼德拉（Nelson Mandela）更好的例子了。1985 年，曼德拉获得了自由，条件是不再参与政治生活，但他选择留在监狱中。5 年后，他最终被无条件释放。这就是一个有自主权的人的行为。

对于大多数人而言，"决定必须做什么？""代表怎样的立场？""能带来哪些改变？"并不能决定自己被"囚禁"的时间长短。但是，这些问题是生活中非常真实的部分，适用于我们所有人。

"我代表何种立场？""我能带来何种改变？"这样的问题自远古时代就一直伴随着我们，受到了哲学家的关注。

苏格拉底：激情的力量

在《理想国》中，柏拉图借苏格拉底之口，基于激情（spiritedness，对应希腊词语 thymos）的理念探讨了"我能带来何种改变？"的相关问题。[2] 苏格拉底将灵魂描述为由三个部分组成：理性（理性思考）、欲望和激情。他将激情定义为我们的荣誉感。

苏格拉底本人就表现出了激情的力量。在他所处的时代，雅典的统治地位在斯巴达人的野心面前正逐渐衰落。他对雅典政府的直言不讳的质疑导致他受到审判，他被认定为有罪并被判处死刑。他留在监狱里直面命运的选择正是基于他做光荣、正确之事的原则和决心。他认为，他应该遵守他所选择的社会的法律，他认为这些法律的实施已经遵循了适当的程序。这就是激情的力量。激情的力量源于我们受自己激情驱使的能力。当然，我们的激情可以促使我们去做伟大的事情或可怕的事情。

我们在重新审视曼德拉拒绝被释放的行为时看到了另一个关于激情的力量的例子。按道理讲，他接受释放本是合理的。为什么？原因有很多：机不可失，时不再来。"如果我，纳尔逊·曼德拉，从政治斗争中退缩，有什么关系吗？""我做得还不够吗？还有其他人可以加入这场斗争。"如果仅凭欲望的力量抉择，那么这个机会显得很有诱惑力。能够再次自由行走，并享受生活中所有被剥夺了很久的东西，满足自己的欲望，这一点完全可以左右曼德拉的选择。然而，由于激情的力量，曼德拉拒绝了出狱的机会。如果曼德拉接受这一机会，他所得到的将是一种更舒适的生活，很多人认为这是他应得的。然而这样做了的话，他所失去的，将会是他所看重的一切——他的荣誉感。

对激情的力量（超越个人利益和欲望的力量）这一概念的考察揭示，激情的力量不仅仅意味着血气方刚，它向人们抛出了问题——除了做个人利益驱使我去做的事情之外，我还能做什么？除了欲望能够引诱我去做的事情之外，我还能做什么？我认为我应该做什么？为什么这一概念如此强大？因为不去做自己认为应该做的事情就要面对自己，拷问自己所代表的立场，拷问为什么自己要做的事情很重要。这事关我们赋予自己的价值的问题。这事关我们的荣誉。这事关领导力的成败。激情的力量还抛出了一个问题："在别人的目光中，我将被如何看待？"任何人（包括我们所有人在内）在做不得体的事情时，或者没有做正确的事情时，被我们所要寻求的赞赏目光所捕捉到时，都非常清楚失去别人的尊重所带来的痛苦。回归到柏拉图，柏拉图通过苏格拉底阐述道：激情的力量是愤慨、自怒或羞耻的根源。这些情绪是我们的自我价值受到攻击时产生的反应。

> 自主权是在没有强制力、不确定后果的情况下采取行动的能力，意味着你可以用"能"来回答"我能否做我认为应该做的事情？"这个问题。

摒除"好处"交易

阿里巴巴前总裁兼首席运营官关明生是阿里巴巴的第一批高管之一。当时作为互联网初创企业的阿里巴巴雇用了 150 名员工，其在成立之初就苦苦挣扎，处境艰难。在关明生任职于阿里巴巴期间，阿里巴巴成为全球最大的 B2B 公司之一，拥有超过 2500 名员工，每月产生超过 500 万美元的盈利。

在职业生涯的早期，关明生被通用电气任命为医疗系统在亚洲的业务主管。当时，在客户群体中存在一种"要好处"（贿赂）的文化，就是希望供应商给点甜头。根据美国政府的《反海外腐败法》，通用电气关于行贿或受贿的政策是——禁止贿赂。通用电气在亚洲的团队并非不知道"要好处"的文化，但是"没有人愿意向客户提起相关问题，因为文化上的敏感性，担心冒犯他们"。

对于在天主教文化和儒家文化的融合中长大的关明生来说，这是必须面对的问题。从照顾员工的责任的角度来看，他必须采取行动保护员工——通用电气员工的任何违规行为都会导致被解雇，甚至可能被判刑。从商业的角度来看，与其浪费时间追逐那些最终不会被通用电气签署的交易（任何涉及贿赂的交易都不会被签署），他更有必要确保公司资源能够得到正确且有效的利用。从他自己的道德立场来看，他不得不"直面'野兽'"，而不是索性"入乡随俗"，待在文化礼节的阴影下。

关明生说："从第一次与那里的客户会面开始，我就培训所有人，让他们从文化礼节的阴影中走出来，站在通用电气的立场上直截了当地申明立场。团队成员都认为我疯了，但这种看似疯狂的方法正是确保'我们的客户符合合作条件'的第一步，那些需要任何形式的贿赂的客户都不是我们的目标客户。通用电气的政策是禁止贿赂（被称为20.4号政策），这意味着在任何情况下都不可以进行涉及贿赂的交易。所以，为什么要浪费时间去做那些在任何情况下都不被允许的事情呢？"

这种简单的行动要求意味着通用电气在亚洲的医疗系统销售团队需要筛除所有需要贿赂才能达成的交易，并将重点放在那些不需要贿赂的交易上。

关明生这样做凭借的是与生俱来的激情的力量，以及做正确之事的决心，但他不得不直面后续的问题。他的销售团队反应消极，团队成员告诉他如果无视需要贿赂才能达成的交易，他们将颗粒无收，而他的回答是："那我们就占领剩下的市场，在那里建立我们业务"。结果，他们确实占领了部分市场。关明生说，"随之而来的是许多艰难的对话，很多客户不相信我们完全没有贿赂。但事实情况就是，我们完全没有进行'好处'交易"。

有自主权的组织

在本书的序言中，我们指出，虽然经济学和心理学方面的思考对于许多组织的有效性和成功有所帮助，但仅依靠它们是不够的。当我们寻求努力工作并过上充实而有意义的生活以实现蓬勃发展时，这两门学科都无法阐明并解决我们在这个过程中所面临的道德问题。正如我们不能假装不存在等级制度一样，我们也不能假装权力和资源的分配不存在差异。对于一个有自主权的人来说，这些差异不是在权限范围内不道德地使用权力或在责任范围内不道德地放弃履行责任的借口。

组建有自主权的组织没有简单的规则手册可以遵循。我们所有人都必须采取行动，为他人创造能够蓬勃发展的环境，并选择以我们认为正确的方式采取行动。根据本章和第6章中引述的哲学家的观点，如果我们认为人与生俱来就具有自治的能力（如霍布斯所言），我们有责任将他人视为目的而非手段（如康德所言），我们有做出选择的自由（如斯特劳森所言），并且我们对正确事物的意识可以超越我们的个人利益和欲望（如苏格拉底所言），那么，我们必须反思的哲学问题是：公正地行使权力是什么意思？依据我们认为正确的方式而采取行动需要什么？对于有自主权的人而言，对于领导者而言，这些始终是摆在眼前的问题。

自我赋权的练习

多年前，我们的同事罗伯特·萨德勒（Robert Sadler）向我们介绍了一项简单而有力的练习，可以帮助任何人回归到那个蓬勃发展的、被赋权的自我，实现自我领导和自我赋权。练习内容如下。

1. 回顾过去的 3 年时间，并从每个实现蓬勃发展的时期中选择一个你感到最充实满意的时刻——令你感到"处在最佳状态"的心流时刻。彼时，你每天早上一醒来就可以去做自己热衷从事的工作、项目或任何事情。这样做 5 次（如果你年龄足够大），就可以追溯到 15 年之前。

2. 与两位同事或朋友组队，请其中一个人连续采访你选出的每一个时刻，另一个人观察并记录出现了哪些模式，这些模式就是你每一个实现蓬勃发展的时期所具有的共同要素。

3. 在采访过程中，采访者都应提出以下 4 类问题（或这些问题的变体）。

- 你是如何进入这种蓬勃发展的状态的？有人要求过你吗？是你主动开始的吗？你是被强迫如此吗？
- 你是如何学到你需要知道的东西或做出贡献的？
- 那是一种什么感觉？是否有其他人参与？技术上有挑战性吗？节奏快吗？是否有新的突破？……
- 你的行动带来了何种成就感？具有怎样的意义？

采访结束后，观察者根据受访者的描述，为其分析使其得到蓬勃发展的环境的普遍模式是什么。对其他两位参与者要重复该过程，即每个人都有担任采访者、受访者和观察者的经历。这样做既有价值，也很公平，最终将"涌现"一个强大的组合，其中既有所有参与者在实现蓬勃发展时所体现的共性（或共同因素），也有每位参与者个人所特有的特性（个人因素）。常见的共性包括以下内容。

- 感觉自己在掌控。

- 感觉自己正在做出积极的改变，发挥积极的作用。
- 感觉自己被重视。
- 感觉自己正在学习。

当然，每个人进入蓬勃发展的状态都需要一些具体的特定因素，且每个人都有独一无二的特定的个人因素。如果我们期望别人为我们创造一个能够蓬勃发展的环境，那将面临漫长的等待。如果我们害怕自己创造一个可以使自己蓬勃发展的环境，担心带来很多不良后果，那将面临无尽的遗憾。

> 所谓有自主权的人，所谓领导者，是认识到使自己蓬勃发展的共性和特性的人，这样的人会采取行动以尽可能多地保全这些要素的存在。除非你自己是蓬勃发展的，否则你无法领导他人。

姑息疗护护士布朗尼·韦尔（Bronnie Ware）在她的书中记述了她与绝症患者的讨论，内容事关患者临终时最常见的遗憾。[3] 她列出了以下 5 个最大的遗憾。

1. 我希望我有勇气过真正属于自己的生活，而不是别人期望我过的生活。

2. 我希望我没有那么努力工作。

3. 我希望我有勇气表达自己的感受。

4. 我希望我当时能与朋友保持联系。

5. 我希望我当时能让自己更快乐。

在与来自世界各地的高管合作的过程中，我们听到了许多类似遗憾的言论，"我没有时间思考""无论多么努力，我似乎永远都无法走在事情前面""我的老板挫伤我的斗志""我犯不起错误""我觉得自己没有自主权"。这些遗憾背后都是已经做出的选择。说出"我希望我能……"这句话就意味着在"我"有选择的时候，"我"却选择了现在令"我"后悔的东西。

> 说自己永远都无法走在事情前面，在本质上是接受了"是那些事情在驱使你，而你没有选择"这一命题，而没考虑到你可以通过你的选择主动地处理事情。

在做出决定时，很多人声称自己别无选择，这并不少见。如果我们不努力，就会被解雇，或者得不到晋升；如果我们做自己想做的事，我们将被视为自私的。我们感到缺乏选择权有时是由于恐惧（例如害怕失业），有时是由于价值观的驱动，我们希望被认为是无私的而非自私的。无论这些理由以何种方式呈现，存在主义哲学家对这些借口都持非常不认同的看法。

存在主义的观点在本质上就不同于以前的许多观点。存在主义哲学的基本宗旨是：存在先于本质，本质并不先于存在。这意味着，与相信绝对命令，坚信"我们一定要做正确的事，如果不这样做，我们就会遭受苦难"的康德不同，存在主义者不认为一个人的本质先于其存在，这样的"人类意义蓝图"是不存在的。

对于康德而言，他坚持认为"我们不应仅仅是把人当作达到目的的手段，而应把人当作目的本身"，这一点不容商榷，它不是假设性的，也不取决于所处的环境。在康德看来，我们所有人都作为目的自身而实存，我们存在的本质就在于蓝图之中。这必然引出一个问题：谁创造了这个蓝图？对于亚伯拉罕式的宗教哲学，答案是上帝。对于基督徒或穆斯林来说，人类的本质是由造物主决定的，人类的任务是根据本质所构成的蓝图走向蓬勃发展。对于存在主义者而言，不存在这种先于存在的既定本质，他们也不会支持亚里士多德（在本书前面很多地方讨论的）关于合理生活的观点，这些观点成立的前提是理性可以告诉我们如何生活。

是否有上帝，理性如何指导我们的行动，这样的问题不是存在主义者主要关注的。有信奉天主教的存在主义者，也有坚持无神论的存在主义者。存在主义在很大程度上是20世纪的哲学，让-保罗·萨特可能是无神论者中最著名的存在主义者。萨特经历了20世纪的两次世界大战。在那些毁灭性的时期里，世界各国人民遭受了灾难性的痛苦。

第一次世界大战期间，在 1916 年 7 月 1 日这一天，有 54 000 名英国士兵被杀害或严重受伤。在第二次世界大战期间，2600 万苏联人死亡，其中 800 万人死于饥荒和疾病。由于纳粹的人口政策，600 万犹太人、25 万残疾人和 180 万非犹太人波兰公民丧生。在英国统治下的印度，1900 年有 100 万人死于饥荒，1944 年有 210 万人死亡。还有许多其他例子表明，既定的宗教或世俗权威在 20 世纪的整个世界范围内都未能维护仁慈的人类本质。这就是存在主义诞生的背景。

但是，存在主义，尤其是萨特主义，并不是绝望的忠告。萨特在 1946 年发表的相对易懂的论文《存在主义是一种人道主义》中提出了一种能够使人类蓬勃发展的乐观的人本主义的存在主义方法。[4]

他提出的观点很简单——你选择成为什么人，你就是什么人。这种观点富有挑战性：找借口被视为否定责任的形式，但同时，是乐观的——基本上基于自由的理念。正如萨特所说："因为从根本上说，（存在主义）令人震惊的是……（是）它使人面临选择的可能性。对于那些未能行使选择权的人来说，他们体内仍然存在着广泛的能力、倾向和潜力，未被使用但完全可用……"

萨特所言，让我们想到了布朗尼·韦尔列出的 5 个最大的遗憾。让我们回到自我赋权的练习：回顾我们的生活，认识到我们什么时候实现了蓬勃发展，什么时候表现出了领导力（无论是通过树立榜样、有感染力的热情，还是通过落实某件事或为他人服务）。我们需要做出回应：我们是选择蓬勃发展，还是将我们的处境归咎于他人、环境或普通的坏运气？

> 一旦你意识到你作为一个人能够得到蓬勃发展的条件，到你选择的时刻了，你的行动决定你能否实现蓬勃发展——你是选择领导还是服从，是承担责任还是指责他人。

萨特和其他存在主义者曾谈及走向蓬勃发展之路面临的痛苦和放弃。痛苦，是因为承担责任就要面对犯错的可能性；放弃，是因为承担责任意味着扔掉借口或他人的指导所提供的拐杖。任何在没有强制力、不确定结果的情况下采取行动的人都可以用"能"来回答"我能否做我认为应该做的事情？"这一问题，因为他们知晓这样做可能带来的痛苦，也知晓选择采取行动时要面临的孤独。

> 要过上一种有自主权的（自我赋权的）、指向蓬勃发展的生活并不容易，但我们每个人都有责任努力做到这一点，发挥出我们的激情的力量，做出我们的领导力贡献。这意味着我们要直面自己的恐惧，在不确定结果的

情况下走出去，这可能导致一些人的失望或愤怒，我们将感到无力和无奈。换言之，我们要么自我赋权，为所应为，要么抱憾终身。

小结

- 在承担责任方面，我们都面临着两难问题困境：主动出击，不顾未知的后果，行使我们的行动自由，还是采取更容易的方式？我们面对这种困境的方式决定了我们被赋权的程度和我们发挥领导力的程度。
- 自由不是不计后果地行动的能力。自由是在没有强迫的情况下选择行动并面对后果的能力，其中一些或大部分后果在做决定时可能是未知的。
- 赋权是这样的能力：无须被强迫，无须确定结果，就能用"能"来回答"我能否做我认为我应该做的事情？"这一问题。
- 有自主权的人能够甄别出让他们的生活变得更好的共性和特性，他们会尽可能频繁地采取行动，以尽可能多地保全这些要素。
- 一旦意识到了自己作为一个人蓬勃发展所需的条件，能否取得发展、能否自我领导就取决于我们自己的选择。

那么，我们应该怎么办？这一问题并不存在公式化的答案。或许，回答一些关键问题可以指导我们的行为，我们在下面列出其中一些。你也许有更好的问题。

问题

1. 我是一个有权威的人：为了创造一个让被赋权的人蓬勃发展的环境，我可以多做、少做或开始做什么？

2. 我是一个努力在周遭限制中尽力而为的人：我该怎么做才能让自己明确我所信奉的是正确的？我该停止做、多做或少做什么才能让自己所信奉的成为现实？

3. 我是一个可以实现蓬勃发展的人：为了保持可以让我蓬勃发展、自我领导的品质，我能做什么？

注释

1. Strawson, P (2008) *Freedom and Resentment*, Routledge, Oxford.

2. Plato, *The Republic,* Penguin Classics, 2007.

3. Ware, B (2011) *The Top Five Regrets of the Dying: A life transformed by the dearly departing,* Hay House.

4. Kaufman, W (ed) (1989) *Existentialism from Dostoyevsky to Sartre*, Meridian Publishing Company, Chapter 10, Part 4.